W0221942

Symbole

Information

Öffnungszeiten

€ Eintrittspreise

Hinweis

Vorwort

Liebe Brandenburger, liebe Gäste,

Sie sind auf der Suche nach Action, Entspannung, Genuss, nach dem „Muss-man-erlebt-haben" oder dem Geheimtipp – kurz: nach der perfekten Ausflugsidee in Brandenburg? Dann ist dieses Buch genau richtig, denn das „schönste Bundesland" bietet eine riesige Vielfalt. Nirgendwo in Deutschland gibt es mehr Seen und Flüsse. Hier liegen unzählige Schlösser und Gärten inmitten faszinierender Landschaften. Historische Industrie-Giganten aus drei Jahrhunderten machen Geschichte zum Erlebnis und wo sonst gibt es „den Ostsee" statt „die Ostsee"?

BB RADIO – die Nr. 1 unter den privaten Radiosendern im Land – hat nach diesen besonderen Ausflugszielen gesucht. Unsere Hörer haben uns dafür ihre Insider-Tipps, Anregungen und Favoriten geliefert. Dafür ein großes Dankeschön! Herausgekommen ist eine spannende, abwechslungsreiche und informative Sammlung für die Freizeit oder den Urlaub – ein „Muss" für jeden, der in Brandenburg etwas erleben und entdecken will.

Ob auf den Spuren des Kultautors Fontane durch die Mark radeln, als Westernheld in der Uckermark das „Goldland" finden oder über Europas größte Skate-Strecke flitzen. Hier können Sie nicht nur mit dem Kahn fahren, sondern auch mit Pinguinen im Spreewald schwimmen und Deutschlands berühmtestes Gemüse, den Brandenburger Spargel, selbst stechen – erleben Sie 100-mal Abenteuer, Inspiration oder Erholung pur – eben die volle Vielfalt Brandenburgs!

Wir wünschen dabei viel Spaß!

Das BB RADIO-Team

BB RADIO
Voll die Vielfalt

1 Wer suchet, der findet – Malchower Labyrinthpark

Direkt an der B109, der „Ostseestraße" zwischen Berlin und Greifswald, gibt es die wunderbare Gelegenheit, sich bewusst auf den Weg zu machen, um in sich zu gehen. Wer sich darauf einlässt und auf den verschlungenen Pfaden ans Ziel gelangt, erlebt mancherlei Einsichten und jede Menge Spaß.

Labyrinthe reizen die Menschen schon seit Tausenden Jahren. Immer wieder sind die Irrenden fasziniert, dass der gewundene Weg trotz allerlei Wendungen und Richtungswechsel am Ende zum Mittelpunkt führt. So wurde das Labyrinth in der christlichen Tradition als Symbol des verschlungenen Lebensweges verstanden, der den Suchenden zu einem unbekannten Ziel lenkt. Das Abschreiten eines begehbaren Labyrinths wurde daher als meditative Übung gesehen, die über den eigenen Lebensweg nachsinnen lässt. In diesem Verständnis entstand auf dem Gelände der schönen Dorfkirche von Malchow der in Deutschland einmalige Labyrinthpark, der seither für Freizeitspaß, Kreativität und Meditation steht. In der Kirche selbst befindet sich ein sternförmiges Labyrinth, in dem die Unterstützer des Projekts verewigt sind. Vor dem Ostgiebel kann man den Windungen des legendären Labyrinths aus der Kathedrale von Chartres folgen, dem Prototyp aller christlichen Labyrinthe. Zudem warten auf dem etwa ein Hektar großen Areal ein Sand-, ein Lesestein-, ein Taxi- und ein Ur-Labyrinth. Der Weg durch einen Irrgarten aus Efeuwänden ist dank zahlreicher Verzweigungen und Sackgassen wirklich abenteuerlich. Aber keine Angst, nach dem Motto „Wer suchet, der findet", haben bisher alle Besucher den Ausgang gefunden.

ⓘ Malchower Labyrinthpark, Dorfmitte 1a, 17291 Göritz OT Malchow; Tel.: 0152/52146030 oder 039851/629942; malchower-labyrinthpark.de

🕓 Mai–Sept. Do–So 10–18 Uhr, Okt. Do–So 10–17 Uhr.

€ 5 €, Kinder, Schüler 3 €.

Auf die sture Tour – Eseltrekking in der Uckermark 2

Von Eseln lernen heißt, sich in Geduld üben. Da kann man schimpfen, toben, ziehen, locken, rucken und zucken – wenn das Grautier die saftigen Grasbüschel am Wegesrand zum Mittelpunkt des Eseluniversums erklärt, dann ist Pause. Eseltrekking ist Entschleunigung par excellence.

Schon die Uckermark selbst ist pure Entspannung. Idealerweise erlebt man den Norden der Mark Brandenburg auf Schusters Rappen, um die Ursprünglichkeit der Umgebung genießen zu können. Zu einem wirklich ungewöhnlichen Wandererlebnis wird es, wenn man mit einem Packesel unterwegs ist. Die Langohren sind nicht nur prima Lastenträger, sondern auch äußerst angenehme Reisebegleiter mit einem sanften Wesen, wenig schreckhaft und ausgesprochen neugierig. Hat man erst das Aufhalftern verstanden und sich ein paar Regeln eingeprägt, dann geht es auch schon los, gemächlich, mit drei bis fünf km/h. Hat man sich erst auf den Rhythmus eingelassen, den eindeutig und nur der Esel vorgibt, ist jeglicher Alltagsstress rasch vergessen. Eseltrekking wird von verschiedenen Anbietern offeriert, bei denen man zwischen Schnupper- und Tagesausflügen bis hin zu einwöchigen Touren wählen kann. Am Ende weiß man: Esel sind nicht stur, Esel haben Zeit!

STEFFI

Und wer gar nicht genug von Tieren bekommen kann, sollte unbedingt noch auf der **Elch- und Rentierfarm Golz** in Schenkenberg vorbeischauen. Hier haben Sie die Möglichkeit die kraftvollen Vierbeiner hautnah zu erleben – sogar Streicheln ist erlaubt! Ein absolutes Muss für jeden Elch-Fan! Kontakt: Elch- und Rentierfarm, Kleptow 29, 17291 Schenkenberg; Tel.: 039854/37649; wild-golz.de

ⓘ celine aktiv reisen; Tel.: 0170/2450055; celine-aktiv-reisen.de; Urlaub & Natur Erlebnisreisen; Tel.: 07219/463616; urlaubundnatur.de

🕓 Termine nach Vereinbarung.

€ 3-, 4-, 5- oder 7-Tagestouren mit Übernachtung ab 228 €.

3 Die Geister sind los – „Spuki's Abenteuerland"

Dort sitzt er. Mit aufgerissenen Augen und sperrangelweit geöffnetem Rachen wartet er auf seine Beute. Und ehe sich die anwesenden Omas und Opas versehen, sind zwei, drei, vier Kinder quietschend im Maul des Drachen verschwunden – so geschieht es täglich auf Schloss Herrenstein.

Ort des Geschehens ist der 2.000 Quadratmeter große Indoor-Spielplatz, der seit März 2018 in der Hotelanlage „Schloss Herrenstein" seine Pforten geöffnet hat. Während sich die Erwachsenen am exklusiven Komfort des neu aufgebauten Gutsherrenschlosses sowie den dazugehörigen Landhäusern erfreuen und das umfassende Wellnessprogramm genießen, erobern die kleinen Gäste „Spuki's Abenteuerland". An jedem Tag des Jahres und völlig unabhängig vom Wetter können Kinder hier ein Spiele-Paradies der Extraklasse erleben. Neben dem Drachen, der eigentlich ganz liebenswert aussieht, gehören eine zwölf Meter lange Vierer-Wellenrutsche, eine Freefall-Rutsche und der Acht-Meter-Mega-Spielturm zu den Attraktionen. In der Soft-Shooter-Arena ist Zielwasser gefragt, während man auf dem riesigen „Wabbelberg" und in der Trampolin-Arena seine Ausdauer beweisen kann. Oder wie wäre es mit einer flotten Runde auf den Mini-Gokarts? Für die kleinsten Gäste gibt es einen separaten Bereich, wo sie durchs bunte Bälle-Bad krabbeln können. Ein ganz besonderer Service – und bei allen Kindern total angesagt – sind Geburtstagsfeiern im Abenteuerland. Es stehen verschiedene fantasievoll gestaltete Geburtstagsboxen zur Verfügung, in denen man ungestört die Party des Jahres feiern kann. Wohin soll es gehen? In den Rittersaal, ins Feenreich, in die Zauberkammer oder lieber in den Hexenkessel? Dazu gehören immer ein toll dekorierter Partytisch mit Pommes, Hamburgern oder anderen Lieblingsspeisen sowie ein goldener Thron für das Geburtstagskind.

Spuki's Abenteuerland, Hotel „Schloss Herrenstein", Herrenstein 6, 17268 Gerswalde; Tel.: 039887/710; spukis.de

Mo–Do 11–18 Uhr, Fr–So, Feiertage 10–19 Uhr.

€ Mo–Do: 4 €, Kinder 2–17,9 Jahre 8 €, Kinder bis 1,9 Jahre frei, Oma und Opa 2 €; Fr–So, Feiertage: 4,50 €, Kinder 2–17,9 Jahre 9 €, Kinder bis 1,9 Jahre frei, Oma u. Opa 2 €; Happy Hour: 1 Std. vor Schließung 50% Rabatt.

4 Volle Fahrt mit null PS – Unterwegs mit der Draisine

Nur völlig untrainierte Fahrer kommen vielleicht ein wenig ins Schnaufen, ansonsten sind diese fahrbaren Untersätze ein Kinderspiel. Null PS, null Lenkung, dafür Panoramasicht, Cabrio-Feeling und jede Menge geselliger Fahrspaß – erleben Sie die Seenlandschaften Brandenburgs mit der Fahrrad-Draisine.

Die Schienenfahrzeuge können von Ostern bis Oktober nahe dem Hauptbahnhof Templin ausgeliehen werden. Nach kurzer Einweisung in die Draisinentechnik startet die Tagestour über die ehemalige Eisenbahnverbindung zwischen Templin und Fürstenberg/Havel. Ohne Lärm und Abgase fährt man durch die idyllische Landschaft der Uckermark und der Oberhavel, die mit herrlichen Wiesen und Wäldern zu beiden Seiten des Gleises besticht. Eine erste Rast bietet sich am Imbiss „Draisinen Oase" in Neu-Placht an. Weiter geht die ratternde Fahrt durch den Wald bis nach Alt-Placht. Von hier aus sollte man unbedingt einen kurzen Spaziergang zum „Kirchlein im Grünen" machen, einer sehenswerten Fachwerkkirche von etwa 1700. Nächster Halt ist der Rastplatz Tangersdorf. Nach einem erfrischenden Sprung in den Platkowsee kann man sich im Gasthaus „Wuppgarten" stärken, bevor man sich dann auf den Weg zu den sechs weiteren Seen von Lychen macht. Wer genügend Zeit eingeplant hat und noch ein bisschen mehr Abwechslung braucht, der leiht sich ein Boot oder Kanu, um die Flößerstadt vom Wasser aus zu erkunden.

Insgesamt stehen für eine Tagestour ab Templin 34 Kilometer Stecke zur Verfügung, die jedoch individuell nach Wadenstärke, Lust und Laune variiert werden kann. Außerdem kann man vor- und nachmittags von der Station Fürstenberg aus zu Halbtagstouren aufbrechen. Man fährt über den Hegensteinbach zum Rastplatz Ravensbrück, wo natürlich ein Besuch der Mahn- und Gedenkstätte zu empfehlen ist, bis zum Örtchen Himmelpfort, das mit Badeseen, vielen Cafés und dem berühmten Postamt des Weihnachtsmannes aufwartet. Die Draisinen-Rechnung ist einfach: Null PS plus null Stress ergibt ganz viel Brandenburg!

ⓘ Erlebnisbahn Templin-Fürstenberg, An den Wulzen 23, 15806 Zossen; Tel.: 03377/3300850; draisine.com; Basisstation Templin, Zehdenicker Straße, 17268 Templin; Basisstation Fürstenberg, Weidendamm 5, 16798 Fürstenberg/Havel.

Ostern–Okt.: Start Templin: 9–12 Uhr; Start Fürstenberg: 9–11 Uhr oder 14.30–15.30 Uhr.

€ Fahrraddraisine Tagestour (2–4 Pers.) 65 €, Vereinsdraisine Tagestour (3–5 Pers.) 90 €, Elektrodraisine (3–7 Pers.): 150 €; Fahrraddraisine Halbtagestour (2–4 Pers.) 40 €.

Eine Reservierung ist ratsam.

5 Brandenburgs Wilder Westen – Eldorado Templin

Es herrscht eitler Frieden auf der Hauptstraße. Plötzlich peitschen Schüsse und ein Trupp verwegener Reiter jagt durch die Stadt. Einmal mehr hat es die Jackson-Bande auf die Bank abgesehen. Der Sheriff eilt mit seinen Deputys herbei und stellt sich den Banditen in einem grandiosen Showdown in den Weg!

Die spannende „Mainstreet Stuntshow" ist nur eines der Highlights, die Besuchern in der Westernstadt Eldorado geboten werden. Seit 2006 kann man in diesem mit viel Liebe zum Detail gestalteten Themenpark erleben, wie sich Cowboys und Indianer wilde Schießereien und actiongeladene Kämpfe liefern. Es sind Shows der Extraklasse mit zahllosen Spezialeffekten und einer Crew erfahrener Stuntleute. Doch neben atemberaubender Action kommen auch Nostalgie, Humor und Artistik nicht zu kurz. Auf dem weitläufigen Gelände kann man Indianertänze bestaunen, eine Runde mit der Postkutsche drehen oder auf der Fahrt mit der „Uckermark Pacific Railroad" allerlei Wissenswertes über die Stadt erfahren. Außerdem darf man hier all das von Profis lernen, was im Wilden Westen dazugehört: wie man Lasso und Tomahawk wirft, mit Pfeil und Bogen schießt, beim Bullenreiten die Oberhand behält, Gold wäscht und möglichst schnell die Kanone zieht. Bei der neuesten Attraktion „Guns & Glorie" können sich Revolverhelden in einer Duellsituation beweisen. Hier gilt es, den Revolver schneller zu ziehen als das elektronische Gegenüber – und dann zu treffen. Für eine unvergessliche Erinnerung sorgt das Fotoshooting, bei dem man in Kostümen als Westernheld oder Cowgirl abgelichtet wird.

MARCUS KAISER

BB RADIO Voll die Vielfalt

Ganz in der Nähe der „Goldstadt" wartet rasanter Fahrspaß für die ganze Familie: Auf der **Kartbahn Templiner Ring**, einer der schönsten Outdoor-Kartbahnen der Bundesrepublik, können Sie mit Vollgas über den Asphalt heizen. Ob bei Sonnenschein oder Flutlicht – hier sind spannende Rennen garantiert. Kontakt: Templiner Ring Kart Center GmbH Carl-Friedrich-Benz-Straße 2, 17268 Templin; Tel.: 03987/40 9960; kart-templin.de

Eldorado Abenteuer GmbH, Am Röddelinsee 1, 17268 Templin; Tel.: 03987/20840; eldorado-templin.de

siehe Website.

Online: 15 €, Kinder bis 14 Jahre, Senioren, Gruppen, erm. 13 €, Gäste mit Behinderung 9,50 €, Familienkarte (2 Erw. mit bis zu 3 Kindern bis 14 Jahre) 39,50 €, „echte" Cowboys, Kinder bis 1,20 Meter und Geburtstagskinder frei, Schnupperticket (ab 16 Uhr) 7 €.

6 Auf den Ton kommt es an – Ziegeleipark Mildenberg

Es wird gematscht und gepatscht, und man kann sich mit dem feuchten Ton ganz schön bekleckern. Dennoch ist das Herstellen eines Ziegelsteins wie zu Urgroßvaters Zeiten für alle Besucher stets ein Fest. Der persönliche Ziegel aus dem Ziegeleipark ist eine einmalige Erinnerung an einen einzigartigen Tag.

Einst war das Zehdenicker Ziegeleirevier das größte in Europa und Geburtsstätte von Milliarden Tonziegeln, aus denen Berlin und Teile der Mark errichtet wurden. Im Herzen des Reviers liegt der Ziegeleipark, ein 40 Hektar großes Industrie- und Technikmuseum an der Havel. Inmitten von ganz viel Natur kann man hier imposante Industrie-Architektur und toll inszenierte Multimedia-Ausstellungen erleben, spannenden Führungen folgen und mit verschiedenen Feldbahnen über das weitläufige Gelände zockeln. Und wer viel guckt und staunt, muss auch toben und entspannen. Dafür gibt es eine große Abenteuerspielwiese mit Riesenrutsche, Seilbahnen, Schienenfahrrädern und Gokarts sowie ein gemütliches Gasthaus direkt an der Havel. An der Marina kann man sich sogar führerscheinfreie Boote und Kanus ausleihen, um die ehemalige Industrielandschaft vom Wasser aus zu erkunden. Im Jahresverlauf finden im Park zudem einige spektakuläre Veranstaltungen statt, die stets große Besucherscharen anlocken, wie das Märkische Dampfspektakel und das Märkische Feldbahnfest, die „Faszination Technik" mit einem großen Oldtimertreffen und die Deutschen Dumpermeisterschaften mit dreirädrigen Muldenkippern („Dreikantfeile"). Zum Saisonabschluss werden die selbst gemanschten Backsteine dann beim Feldbrandofen-Fest gebrannt. Dank der Nummerierung erhält jeder genau seinen eigenen Ziegelstein zurück.

ⓘ Ziegeleipark Mildenberg, Ziegelei 10, 16792 Zehdenick OT Mildenberg; Tel.: 03307/310410; ziegeleipark.de

🕓 ca. Ende März–Anfang Nov. tägl. 10–18 Uhr (Einlass bis 17.00 Uhr).

€ Park-Eintritt & Ziegeleibahn: 8 €, Kinder (4–14 Jahre) 4 €; Themenführung 5 €, Kinder (4-14 Jahre) 2,50 €; Naturpark-Tour: 5 €, Kinder 2,50 €; Dampflokzuschlag: 1 €; Dampflok-Führerstandsmitfahrt: 10 € (Kinder nur in Begleitung eines Erwachsenen!); Ziegeleibahn-Führerschein: 10 €.

Empfänger: Weihnachtsmann – Weihnachtspost in Himmelpfort 7

Das-ist-das-Haus-vom-Ni-ko-laus! Ein Quadrat, zwei sich kreuzende Diagonale, oben drauf ein Dreieck, fertig. Klar, das kennt jeder. Aber wo steht es? Nein, nicht am Polarkreis, sondern an der Pforte zum Himmel. Ja, genau, die alte Schule hinter dem Haus des Gastes in Himmelpfort, hier wohnt er.

Und wenn Kinder bis zum dritten Advent ihren Wunschzettel schicken – An den Weihnachtsmann, Weihnachtspostfiliale, 16798 Himmelpfort –, dann bekommen sie bis Heiligabend eine Antwort, in 15 Sprachen. Absender nicht vergessen! Dass der Weihnachtsmann hier wohnt, ahnten die Himmelpforter selbst nicht. Doch dann trudelten im Advent 1984 zwei Kinderwunschzettel aus Berlin und Sachsen ein. Um die Post nicht mit dem Vermerk „Empfänger unbekannt" zurückzuschicken, beantwortete die Mitarbeiterin der Post die Briefe eigenhändig. Die Kinder waren begeistert, und im nächsten Jahr erhielt der Weihnachtsmann 75 Briefe, in der Adventszeit 1990 schon 2.000 täglich, der Rekord wurde 2014 aufgestellt: Es trafen 312.000 Briefe aus aller Welt ein, sogar aus China. So viele Antworten zu schreiben, das schafft selbst der dickste Weihnachtsmann nicht alleine, weshalb die Deutsche Post in der Vorweihnachtszeit eigens eine Weihnachtspostfiliale mit vielen fleißigen Helfern einrichtet. Die Eröffnung der Filiale ist stets ein aufregender Riesenrummel. Womit kommt der Rauschebart in diesem Jahr angerauscht? Mit dem Fahrrad, einem alten Postauto oder wieder quer über den See mit dem Hydrobike? Und er hat viel zu tun: seine Wohnstube für die vielen Besucher aufräumen, die Weihnachtsmärkte eröffnen, Märchen vorlesen …

ⓘ Weihnachtshaus Himmelpfort, Nordlicht Tour & Kanu GmbH, Klosterstraße 23, 16798 Fürstenberg/Havel OT Himmelpfort; Tel.: 033089/41888; weihnachtshaus-himmelpfort.de

🕓 ab Mitte Nov. Mo–Fr 9.30–17 Uhr, Sa–So 11–17 Uhr, Heiligabend 9.30–11 Uhr. Nordische Märchenweihnacht: 1. und 2. Advent, Wichtel-Weihnachtsmärkte: 3. und 4. Advent.

€ Natürlich kostenfrei.

💡 Der Wunschbriefkasten am Haus des Gastes kann das ganze Jahr genutzt werden.

8 Im Vorbeigehen erkunden – Großer Stechlinsee

Man muss Theodor Fontanes Klassiker „Der Stechlin" nicht gelesen haben, um den Stechlin zu mögen. Der Große Stechlinsee spricht glasklar für sich und lockt als einer der saubersten Seen im ganzen Land naturverbundene Menschen an, die der frischen Schönheit auf unterschiedlichste Art näher kommen wollen.

Die einen leihen sich zur sportlichen oder gemütlichen Erkundung des über vier Quadratkilometer großen Sees ein Boot, während andere sich an einer der Badebuchten einfach so in die rund 97 Millionen Kubikmeter Klarwasser stürzen. Freunde von Schnorchel und Blubberblasen gehen dem fast 70 Meter tiefen Gewässer von einer Tauchbasis aus auf den Grund. Wieder an der Oberfläche schwärmen sie von Flora und Fauna, die noch in zehn Metern Tiefe vom Sonnenlicht erhellt werden. Auch Angler sind von der extremen Blicktiefe begeistert, weil man Barsch, Hecht und Co. gut beobachten kann, manchmal sogar beim Anbiss. Und weil es am Stechlin so dunkel wird wie an kaum einem anderen Ort in Europa, haben Sternegucker hier in klaren Nächten die besten Aussichten ins Universum. Daher gibt es hier sogar eine schwimmende Forschungsplattform, die den Einfluss der Lichtverschmutzung auf Ökosysteme untersucht.

Wer die reizvolle Landschaft rings um den Großen Stechlin besser kennenlernen möchte, dem sei eine von Experten geführte Wanderung empfohlen. Abseits ausgetretener Pfade geht es in kleinen Gruppen auf Entdeckungstour. Die verschiedenen Angebote – darunter auch Waldspaziergänge, Wanderungen für Behinderte, auf Fontanes Spuren oder Kinder- und Radtouren – dauern zwischen 1,5 und 5 Stunden. Im Vorbeigehen erfährt man nicht nur allerlei Wissenswertes, sondern erlebt die Schönheit der Natur mit allen Sinnen. Gemeinsam werden versteckte Orte und die kleinen Geheimnisse der Natur entdeckt, die man alleine niemals gefunden hätte. Und was hat es mit der „Mordbuche" auf sich oder mit der unheimlichen Sage vom Roten Hahn? Klar, glasklar, er ist einfach mehr als nur ein See, der einzigartige Stechlin!

ⓘ R. u. K. Fechner, Dagowseestr. 7a, 16775 Stechlin OT Dagow; Tel.: 033082/40866 und 0173/4496249; stechlin.de/wandern

🕓 Ganzjährig, Anmeldungen mind. zwei Tage vorher, Dauer, Preis, Teilnehmerzahl und Treffpunkt nach Absprache.

€ Naturkundliche Führung, 9 km, ca. 4 h, 8 € p.P.

9 Mit zwei PS in die Vergangenheit – Kutschfahrten durch Rheinsberg

Die Stadt, das Schloss, der Park – in Rheinsberg hat man immer wieder das Gefühl, in einer längst vergangenen Zeit gelandet zu sein. Erst recht, wenn man von einer schönen Kutsche mit zwei Pferden erwartet wird. Der Kutscher lupft den Zylinder und hilft beim Einsteigen ... Es fühlt sich an wie früher.

Es gibt wohl kaum eine schönere Art, sich ein Bild von Rheinsberg und Umgebung zu machen, als auf einer beschaulichen Kutschfahrt. Für Romantiker steht die Hochzeitskutsche bereit, mit der man zu zweit zu einem Rendezvous mit der Natur aufbricht. Verschiedene weitere kleine und große Kutschen bieten bis zu sieben Personen Platz, um gemeinsam mit Familie oder Freunden die Sehenswürdigkeiten der Residenzstadt zu erkunden. Ab Mai, wenn der Ginster blüht, ist eine Kremserfahrt (bis zu 15 Gäste) durch die Kyritz-Ruppiner Heide ein wahrer Augenschmaus, während die Fahrten im Herbst auf den Kartoffelacker führen, inklusive kleiner Knollenernte und Picknick. In den großen Planwagen können sogar bis zu 30 Personen mitfahren. In geselliger Runde geht es dann zu Kaffee und Kuchen oder einem deftigen Grillfest in die Heide. Oder wie wäre es mit einer dreistündigen Überraschungstour durch die Zechliner Natur, bei der man erfährt, warum die Wege durch die dunklen Wälder einst gemieden wurden. Räuber und Strauchdiebe sollen hier nämlich früher gehaust und den Reisenden nachgestellt haben. Heute erwartet Sie nach dem Schreck ein aufbauendes Picknick.

Kutsche, Kremser oder Planwagen stehen grundsätzlich zu jeder Jahreszeit zur Verfügung. Richtig gemütlich wird es jedoch im Winter, wenn die Seen gefroren und der schöne Rheinsberger Wald dick mit Schnee eingepudert ist. Dann wird der Pferdeschlitten flott gemacht, auf dem die Gäste fast lautlos durch die märchenhafte Winterwelt gleiten. Wenn man, von flauschigen Decken gewärmt, die weiß verhüllte Landschaft genießt, der Kutscher eine kleine Stärkung in Form von Tee oder Glühwein reicht und die Rosse schnauben, dann ist es wieder da, dieses „Wie-früher-Gefühl".

Kutsch- und Planwagentouren, Dorfstraße 41, 16837 Wallitz; Tel.: 0160/93376301; kutschenkarsten.de

Ganzjährig, 2 bis 30 Personen (auch mehr), Termine nach Absprache, Kartoffelfahrten: Sept.–Okt., Heidefahrten: Mai–Okt.

Auf Anfrage.

10 Bei Prinzen und Poeten – Schloss Rheinsberg

Vom großen Obelisken am Ende des Parks hat man den wohl schönsten Blick über den See auf das Schloss Rheinsberg. Und damals wie heute kann sich kaum jemand dem zauberhaften Charme entziehen, sei es streitbarer Kriegsherr, romantischer Dichter oder schaulustiger Urlauber.

Als der „Alte Fritz" noch jung war und seine spätere Weltkarriere als Friedrich der Große noch in kronprinzlichen Pantoffeln steckte, verbrachte er genau hier die glücklichsten Jahre seines Lebens. Da er noch ohne Regierungspflichten war und keine Kriege führen musste, lustwandelte er philosophierend am Ufer des Grienericksees, gab sich der Musik hin und ließ sich von illustren Gesellschaften, Maskeraden und Bällen unterhalten. Nachdem er 1740 den preußischen Thron bestiegen hatte, schenkte er das Schloss, das später dem Schloss Sanssouci in Potsdam als Vorbild diente, seinem Bruder Prinz Heinrich. Dieser schuf hier einen bedeutenden Musenhof, ließ das Schloss kunstvoll umbauen und legte den Grundstein für einen der schönsten Landschaftsgärten des Landes. Das harmonische Ensemble aus Natur, Kunst und Architektur lädt bis heute zu einer Reise in die Zeit des 18. Jahrhunderts ein und vermittelt einen Eindruck vom Lebensgefühl der preußischen Prinzen. Nicht zuletzt wird mit der Rheinsberger Musikakademie und der Kammeroper Schloss Rheinsberg auch die Tradition des einstigen Musenhofs aufrechterhalten. Opernaufführungen, Galaabende und ein internationaler Gesangswettbewerb sorgen alljährlich für sensationelle Hörerlebnisse.

ⓘ Schloss Rheinsberg Schlossbereichsleitung, Mühlenstr. 1, 16831 Rheinsberg; Tel.: 033931/7260; schloss-rheinsberg.de

Schloss und Museum: Nov.–März Di–So 10–16 Uhr, Apr.–Okt. Di–So 10–17.30 Uhr.

€ Mit Führung oder Audioguide: 8 €, erm. 6 €, Kombiticket Schloss und Literaturmuseum: 10 €, erm. 7 €, Familien-/Jahreskarte Schloss Rheinsberg: 15 €/60 €, erm. 40 €, Fotoerlaubnis, nur für private Nutzung, ohne Blitz, ohne Stativ: 3 €.

Der Park ist täglich von 8 Uhr bis Einbruch der Dunkelheit geöffnet.

Der Goa-Sound von Putlitz – VooV Experience Festival 11

Der Sound ist bombastisch, die Lasershow außerirdisch, die Stimmung unbeschwert. Wenn sich Besucher aus halb Europa auf einem Acker nahe Putlitz einfinden, um sich für ein paar Tage in eine psychedelische Glitzerwelt katapultieren zu lassen, dann läuft das „VooV Experience", die Mutter aller Goa-Festivals.

Was 1991 als Gartenparty begann, entwickelte sich binnen weniger Jahre zu einem der größten Festivals für elektronische Musik in ganz Europa. Eine legendäre Party, bei der vor allem Psy-Trance-Fans auf ihre Kosten kommen. Umgeben von toller Natur und einem kleinen, idyllischen Waldsee, entwerfen die Veranstalter alljährlich mit viel Aufwand ein Festival, das nichts weniger ist als ein Gesamtkunstwerk. Riesige Skulpturen, moderne Installationen, Buden und Shops für Kunsthandwerker und Köche; Schamanen eröffnen Wege in die indische Mystik, Bodypainter vervollständigen den Körperschmuck. Inmitten der fantastischen Deko kommen die Showeinlagen der Akrobaten und Artisten besonders gut zur Geltung und stimmen die Besucher auf die Party ein. Gegen Abend verwandelt sich die Festmeile mit kreativen Lichteffekten und Leuchterscheinungen zu einem opulenten Augenschmaus. Die Dancefloors explodieren im Licht der Laser zu einem atemberaubenden Meer aus Farben. Wohin man schaut, flackert es psychedelisch. Und über allem liegt der pulsierende Trance-Sound, der mit lauten und immer tanzbaren Rhythmen den Besuchern aus aller Welt in die Beine geht. Voov besticht mit hochkarätigen DJs und Live-Acts, die sich auf überragenden Musikmaschinen austoben.

ⓘ VooV Festival Gelände, Mansfelder Chaussee, 16949 Putlitz; voov-Festival.de

🕓 Mitte Juli.

€ Normal-Ticket inkl. Müllpfand: 90 €; weitere Tickets siehe Website.

12 Oper, Pils und alte Mauern – Alte Ölmühle in Wittenberge

Wittenberge, die Prignitzmetropole am Ufer der Elbe, weiß zu beeindrucken: als Heimat der weltbekannten schwarzen Singer-Nähmaschinen, mit dem größten freistehenden Uhrenturm auf dem europäischen Festland, feinstem Jugendstil, monumentalem Rathaus, dem Gründerzeit-Speisesaal im Bahnhof, und, und, und …

CLARA HIMMEL

Neuester Hingucker ist das Industriedenkmal „Alte Ölmühle". Vor einigen Jahren noch desaströse Ruine, lockt das Ensemble heute Besucher von nah und fern, die hier Erlebnisgastronomie und Hotellerie, Sport, Kultur und Unterhaltung finden. Ein wenig Kletteraction im Indoor-Hochseilgarten gefällig? Lust auf eine Kanu-Tour oder lieber entspannen im Loft-Spa, dem wohl höchsten Wellness-Tempel in Deutschland? Oder noch besser: abtauchen im 10 Meter tiefen Indoor-Tauchturm. Auch die kleine Schaubrauerei ist ein absolutes Muss! Das eigens produzierte HerzBräu wird nur hier vom Fass ausgeschenkt. Der ungefilterte Gerstensaft kommt als mild-herbes Pils, vollmundiges Spezial oder malziges Dunkles daher und ist in der einmaligen Atmosphäre der historischen Fabrik ein besonderes Geschmackserlebnis.

Das im Jugendstil erbaute **Haus der vier Jahreszeiten** in Wittenberge ist ein echter Hingucker. Die bunte Fassade, geschmückt mit Bildern aller Jahreszeiten sowie blauen und weißen Keramikfliesen, muss jeder Besucher der Stadt gesehen haben! Adresse: Johannes-Runge-Str. 16, 19322 Wittenberge; wittenberge.de

Zum Höhepunkt im Veranstaltungskalender von Wittenberge haben sich die Elblandfestspiele gemausert, die an einem Wochenende im Sommer direkt an der Uferpromenade stattfinden. Das inzwischen überregional bekannte Open-Air-Festival begeistert Kultur- und Musikfreunde jeden Alters. Diese einmalige Kombination aus historischen Filmmusiken, erfolgreichen Musicals und den großen Hits aus Rock und Pop, Jazz und Swing sowie klassischen Opernmelodien und bekannten Operettenklängen wurde zu einem gefeierten Erfolgskonzept.

ⓘ Genesis GmbH, Bad-Wilsnacker-Str. 52, 19322 Wittenberge; Tel.: 03877/567994600; oelmuehle-wittenberge.de, kletterturm-wittenberge.de, tauchturm-wittenberge.de; Festspieltickets: Touristinformation Wittenberge im Wittenberger Kultur- und Festspielhaus, Paul-Lincke-Platz 1, 19322 Wittenberge; Tel.: 03877/929181/-82; elblandfestspiele.de; Karten 18–80 €.

13 Ganzjährig schön – Der „Prignitz-Sommer“

Es heißt, die Prignitz sei ein Landstrich mit einzigartigen Reizen, die sich einem häufig erst auf den zweiten Blick erschließen. Doch wer die beschauliche Region einmal für sich entdeckt hat, den zieht es immer wieder hin. Die Jahreszeit ist egal, denn hier ist ständig Sommer: der „Prignitz-Sommer“.

Hinter der unberührten Prignitzer Landschaft schlummert ein kultureller Schatz. Mittelalterliche Städte mit verwinkelten Gassen, verwunschene Burgen und prächtige Herrenhäuser, einsame Rundlingsdörfer und sagenumwobene Hünengräber zeugen von einer bewegten Vergangenheit, die sich allerorten entdecken lässt. Um die reichhaltige Kunst- und Kulturlandschaft dieser Gegend im nördlichen Brandenburg einem breiteren Publikum zu enthüllen, findet seit 1992 der „Prignitz-Sommer“ statt, der sich inzwischen zu einem ganzjährigen Event mit rund 70 Veranstaltungen gemausert hat. Zu den beliebtesten Aktionen gehören die anspruchsvolle Kunstschau „Quadrium“ in Cumlosen sowie das erstklassige Dixilandfest und die Elblandfestspiele in Wittenberge. Als Publikumsmagneten zeigen sich auch die Schlossnacht in Meyenburg, das Pilgerfest in Bad Wilsnack, der Prignitzer Märchentag in Groß Woltersdorf, das Storchenfest in Rühstädt und das mittelalterliche Plattenburg-Spektakel. Musikalischen Hochgenuss bieten die Aufführungen des Barocken Opernsommers in der Kietzer Kirche und im Schloss Meyenburg sowie die Lotte-Lehmann-Woche in Perleberg. Etwas geräuschvoller geht es beim „Rock im Moor“ rund um die Moorscheune in Boberow, beim „Kuhstock Open-Air“ in Kuhbier und beim „AquaMaria-Festival“ auf der Plattenburg zu. Der „Prignitz-Sommer“ ist ein überragendes Kultur- und Kunstprojekt für Jung und Alt.

ⓘ Landkreis Prignitz, Sb Schulverwaltung, Kultur und Sport, Berliner Straße 49, 19348 Perleberg; Tel.: 03876/713392; prignitzsommer.de

Alle Termine sind im Internet oder in der Broschüre zu finden, die im Landkreis Prignitz sowie in den Touristinformationen der Region erhältlich ist.

Nächster Halt: Prignitz – Museumseisenbahn „Pollo“ 14

Zwischen der einzigartigen Auen- und Flusslandschaft der Elbe, der Kyritz-Ruppiner Heide und den Ausläufern der Müritzer Seenlandschaft lässt der „Pollo“ das Herz von Eisenbahnfans höherschlagen. In der scheinbar unendlichen Weite der Prignitz sorgt eine schmucke Kleinbahn für Schienenverkehr von anno dazumal.

Einst war die Prignitz ein schienentechnisches Niemandsland. Das änderte sich ab 1897, als man hier ein schmalspuriges Kleinbahnnetz mit dem Knotenpunkt Lindenberg einrichtete. Fortan sorgten die West- und Ostprignitzer Kreisbahnen dafür, dass Kartoffeln, Pakete und Personen Anschluss an die große, normalspurige Welt fanden. Bis um 1970 hielt die Bahn buchstäblich an jeder Milchkanne, um die verderbliche Fracht zu transportieren. Danach verfielen die Gebäude, die Loks wurden verschrottet und die Anhänger dienten als Schuppen und Hühnerställe. Seit nunmehr über 25 Jahren bemüht sich ein Verein für die museale Wiederbelebung des technischen Kleinods. Inzwischen konnte eine rund 9 Kilometer lange Strecke zwischen Mesendorf und Lindenberg restauriert werden, auf der nun wieder regelmäßig Bahnverkehr herrscht. Die liebevoll hergerichteten Züge locken die Ausflügler in Scharen, die die Prignitz per „Pollo“ erleben wollen. Angefangen von den Knieperkohlfahrten im Februar bis hin zu den Nikolausfahrten erfreuen sich die romantischen Ausfahrten mit der zum Teil über 100 Jahre alten Technik großer Beliebtheit. Ihren Namen verdankt die Kleinbahn übrigens einer Verwechslung. Bei ihrer Eröffnungsfahrt soll „Pollo“, der Hund des Försters, dem schnaufenden Etwas kläffend nachgejagt sein. Der Waidmann rief und rief nach seinem Hund, und die anwesenden Leute dachten, er meine damit den abfahrenden Zug.

ⓘ Prignitzer Kleinbahnmuseum Lindenberg e.V., Lindenberg 91, 16928 Groß Pankow (Prignitz); Tel.: 033982/60128; pollo.de

An den Fahrtagen 10–17 Uhr und nach Absprache.

€ Gesamtstrecke Hin- und Rückfahrt: 9 €, Kinder (4–12 Jahre) 5 €.

Fahrtage, Veranstaltungen und Fahrpreise: siehe Website.

15 Ganz viel heiße Luft – Entschweben mit Sun Ballooning

Es ist eindeutig eine der schönsten Möglichkeiten, sich von Brandenburg begeistern zu lassen. Nur sanft vom Wind angeschoben, nahezu lautlos hoch über den Dingen schwebend, liegen einem Dörfer, Wälder, Flüsse und Seen zu Füßen. Eine Fahrt mit einem Heißluftballon sorgt für einen echten Perspektivwechsel.

„Bestimmt schön, aber da bekommt mich keiner rein, in der Höhe wird mir schwindelig!" Ähnliches haben auch die Piloten von „Sun Ballooning" schon tausendfach zu hören bekommen. Doch während weithin bekannt ist, dass ein Ballon nicht geflogen, sondern gefahren wird, weiß kaum jemand, dass man in einem Ballon nicht zu schwindelnder Höhenangst neigt. Eine Tatsache. Schaut man von einem hohen Gebäude oder Turm hinab, verzerren sich die langen Linien des Gebäudes. Eine Situation, bei der Auge, Gleichgewichtssinn und Gehirn in Stress geraten, ein Schwindelgefühl entsteht. Da aber ein Ballonkorb kein Hochhaus ist und die Kanten nicht bis zum Boden reichen, können sich beim Hinabschauen auch keine schwindelerregenden Linien bilden. Wem also die Übersicht von ganz weit oben bislang verwehrt war, der sollte sich einmal einem dieser urtümlichen Gefährte anvertrauen, um eine neue Sicht auf die Dinge zu erlangen. Fragen Sie ihren Arzt oder Piloten. Wer zwölf Lenze zählt, mindestens 135 Zentimeter groß und noch einigermaßen gut beieinander ist, darf bei diesem luftigen Erlebnis mitmachen. Übrigens können die Brandenburger Ballontouren direkt vor Ihrer Haustür beginnen, da für den Start lediglich eine 50 x 50 Meter große Wiese benötigt wird. Und wer sich einmal nur mit der Kraft des Feuers in die Lüfte erhoben hat und seine Heimat beim Sonnenauf- oder -untergang von oben bestaunen durfte, sieht die Welt mit anderen Augen. Nach etwa einer Stunde landet man wieder auf dem Boden der Tatsachen. Zur Bestätigung des erhebenden Abenteuers werden Erstfahrer per Taufe in den Stand des „Ballon-Adels" erhoben und mit einer Urkunde belohnt. Schwindelig macht dabei höchstens der Sekt.

Sun Ballooning GmbH, Flugplatz 3, 16866 Kyritz OT Heinrichsfelde;
Tel.: 033971/60 555; sun-balloning.de

Mitte Apr.–letztes Wochenende im Okt. tägl. von Sonnenauf- bis -untergang.

„Heimatort"-Gruppenbuchung ab 6 Personen: 275 € p.P.

16 Paradies für Pferdefreunde – Die Neustädter Gestüte

Hier wird Pferdegucken zum Kulturerlebnis. Nicht nur weil die Neustädter Gestüte auf eine lange Tradition in Sachen Pferdezucht zurückblicken, sondern auch weil es sich um eines der größten Gestüte Europas handelt, das mit vielen Veranstaltungen rund ums Pferd alljährlich Tausende Besucher anlockt.

Pferde sind nicht nur ausnehmend schöne Wesen, sondern auch ein lebendiges Zeugnis unserer Kulturgeschichte. Dessen ist man sich in Neustadt (Dosse) spätestens seit 1788 bewusst, als der preußische König Friedrich Wilhelm II. den Grundstein für das heutige Brandenburgische Haupt- und Landgestüt legte. Umgeben von fruchtbaren Feldern mit langen Alleen und malerischen Koppeln, auf denen sich edle Rösser und kecke Fohlen sichtlich wohlfühlen, bilden die beiden klassizistischen Höfe das Zentrum der weitläufigen Anlage. Hier dreht sich – international renommiert – einfach alles um Pferdezucht und -pflege, -haltung und -ausbildung. Wer möchte, darf das Gelände sogar auf eigene Faust erkunden. Um jedoch mehr von der Einzigartigkeit des Gestüts zu erfahren, sollte man sich für eines der Angebote entscheiden, die von kurzen Führungen bis zum mehrtägigen Erlebnisaufenthalt reichen. Ein eigenes Museum informiert zudem über die Pferdezucht im Wandel der Zeit, während das Kutschenmuseum bemerkenswerte Gefährte vom einfachen Erntewagen bis hin zum königlichen Prachtwagen präsentiert. Mit jährlich rund 10.000 begeisterten Besuchern zählen die traditionellen „Neustädter Hengstparaden“ zu den Höhepunkten im Veranstaltungsjahr. Neben den temperamentvollen Hengsten gehören Reit-, Gespann- und Kutschvorführungen sowie die große Dressurquadrille der Preußischen Kavallerie zum anspruchsvollen Programm. Lieblingsveranstaltung der jüngeren Pferdefans ist eindeutig der „Neustädter Fohlenfrühling“. Das Hoffest für die ganze Familie begeistert mit Kremserfahrten und Ponyreiten, Stallrundgang, Clownerie und natürlich dem niedlichen Pferdenachwuchs.

Stiftung „Brandenburgisches Haupt- und Landgestüt Neustadt (Dosse)“, Hauptgestüt 10, 16845 Neustadt (Dosse); Tel.: 033970/50290; neustaedter-gestuete.de

Gestütsmuseum: Ganzjährig Mo–Fr 9–16 Uhr, Apr.–Sept. zusätzlich So 11–14 Uhr; Führungen (ohne Voranmeldung): Apr.–Sept. Di, Do 15 Uhr, So 14 Uhr (Treffpunkt Landstallmeisterhaus Hauptgestüt).

€ Gestütsmuseum: 2,50 €; Kutschenmuseum: nach Voranmeldung Tel.: 033970/5029533, Eintritt: 2,50 €; Fohlenfrühling (1. Wochenende im Mai): 6 €, Kinder ab Fohlengröße 2 €, darunter frei; Hengstparade (drei Wochenenden im Sept.): Sitzplätze: 20–30 €, Stehplätze 12 € / 6 €.

17 Tierische Stars und Sternchen – Filmtierschule Harsch

Wer möchte nicht einmal die Stars aus „Rubbeldiekatz" oder „Fack ju Göhte" kennenlernen und ihnen ganz nah sein, wenn sie ihre berühmtesten Szenen zeigen, sie sogar berühren, streicheln und füttern? Dieser Wunsch geht in Erfüllung! In der Filmtierschule Harsch.

Auf einem etwa 5.000 Quadratmeter großen Gelände in einem Waldgebiet bei Sieversdorf befindet sich die Filmtierschule Harsch, in der rund 200 tierische Darsteller leben und trainieren. Das Ensemble reicht von der entzückenden Hauskatze bis zu ausgewachsenen Löwen, Leoparden und Tigern, verschiedene Hunderassen tummeln sich hier ebenso wie die lachenden Hyänen, gefährlich aussehende Schlangen ebenso wie Pferde und andere Haustierarten. Sie alle werden regelmäßig für Werbespots, Kino- und Fernsehfilme, Serien und Musikvideos engagiert. Während einige nur niedlich aussehen oder durch ihre bloße Anwesenheit glänzen sollen, müssen andere lange und immer wieder üben, damit es vor der Kamera auch richtig klappt.

Zwischen Ostern und Oktober öffnet die Schauspielschule jeden Sonntag ihre Pforten. In besonderen Vorführungen kann man dann die erfahrenen Stars und Anfänger der Leinwand erleben. Neben den Live-Demonstrationen, bei denen sie ihre Fähigkeiten unter Beweis stellen, erfährt man viel Wissenswertes über die Tiere und darf sie sogar anfassen. Außerdem ist es ziemlich lehrreich von den Trainern zu erfahren, wie sie ihren Schützlingen etwas beibringen, worauf es ankommt und wer sich gar nicht eignet. Natürlich gibt es auch zahlreiche Filmgeschichten zu hören.

ⓘ Filmtierschule Harsch, Hauptstr. 2, 16845 Sieversdorf-Hohenofen GT Sieversdorf; Tel.: 033970/50828; filmtierschule-harsch.de

🕓 Vorführungen ohne Anmeldung: Apr.–Okt. So 13.30 Uhr, zusätzlich in den Sommerferien Do 14 Uhr, Gruppen nach Absprache; 4-stündiger VIP-Termin: nach Vereinbarung.

€ 6 €, Kinder 4 €; 4-stündiger VIP-Termin: 250 € für 2 Personen.

💡 Die Anlage ist rollstuhlgerecht.

Ein Ei dauert 90 Minuten – Straußenhof Großderschau 18

Sie pfeifen, schnauben und knurren, mit ihren langen Beinen können sie pfeilschnell lossprinten oder so gehörig austeilen, dass selbst ein Löwe den Schwanz einzieht. Vor allem aber stecken sie niemals den Kopf in den Sand und schmecken einfach vorzüglich: die Strauße von Großderschau.

Um diesem Riesengeflügel in die Augen zu sehen, muss man sich ganz schön recken, da die Hennen aus bis zu 1,90 Meter, die Hähne gar aus bis zu 2,50 Meter Höhe auf einen herabschauen. 2004 kamen das Federvieh auf dem ehemaligen Hopfenhof an und legten den Grundstock für den „Straußenhof". Ganz in der bäuerlichen Tradition des „Rhinower Ländchens", wie man diesen Landstrich auch bezeichnet, lebt hier heute eine etwa 90-köpfige Truppe dieser weltgrößten Vögel. Ihr Fleisch gilt aufgrund des geringen Cholesterin- und Fettgehalts sowie dem hohen Anteil an Eisen, Eiweiß und ungesättigten Fettsäuren als besonders bekömmlich und gesund. Doch auch unter Genießern liegt Straußenfleisch voll im Trend, schmeckt es doch nach bestem Rinderfilet. Nach einer Besichtigung des Hofes kann man sich im von Frank Rosin getesteten Hofrestaurant von den Vorzügen des Riesengeflügels überzeugen lassen. Im Hofladen gibt es Steaks, Gulasch, Salami und vieles mehr. Oder wie wäre es mit einem Ei? Mit rund 1,5 Kilogramm sind diese Exemplare wahrlich keine Kleinigkeiten. Die 20 bis 24 Hühnereier aus einer Schale benötigen etwa 90 Minuten Kochzeit oder ein Backblech als Pfanne – ein Highlight für den nächsten Brunch.

ⓘ Straußenhof, Kleinderschauer Str. 7, 16845 Großderschau; Tel.: 033875/900110; der-straussenhof.de

🕓 Restaurant: Apr.–Sept. Mo, Di 11–17 Uhr; Hofladen: Apr.–Sept. Mo, Di 11–17 Uhr, Okt.–März Mo 11–16 Uhr; Besichtigungen nach Absprache.

19 Findet auch Mario super – Spielzeugmuseum im Havelland

In der Tat, es ist jedes Mal das Gleiche: Opa und Oma bekommen glänzende Augen, während sich die Enkelkinder darüber wundern, dass man auch ohne Bildschirm und Joystick Spaß haben kann. Die alte Dorfschule Kleßen entführt Jung und Alt in die spannende Zeit des Spielens, als „Gameboy" noch ein Fremdwort war.

Die alte Schule von 1820 befindet sich auf dem Gelände des privaten Gutshauses Kleßen, zu dem neben dem Schloss auch der Märkische Gutsgarten mit Orangerie und Stallungen gehören. Dort, wo früher der Schulmeister ein strenges Regiment führte, darf man sich seit 2006 im Spielzeugmuseum im Havelland in die bunte Welt der Spiele und Spielzeuge entführen lassen. Da Brandenburg an der Havel einst als die „Spielzeugstadt" galt, von der aus viele Spielsachen in die Kinderstuben der Welt reisten, zeigt die umfangreiche Sammlung zahlreiche Erzeugnisse bedeutender Brandenburger Manufakturen. Los geht es mit Dampfmaschinen, Ritterburgen und Bauernhöfen, gefolgt von vielfältigen Blechspielzeugen und Figuren aus Blei, Zinn, Holz, Papiermaché und Mischmasse. Ein Raum beschäftigt sich mit Brett- und Kartenspielen, Lesekästen und Schulfibeln, während im nächsten Zimmer diverse Baukästen aus Holz, Metall und Stein zu bewundern sind. Puppen, detailverliebte Puppenstuben und -küchen sind ebenso vielfältig vertreten wie das Kasperletheater mit all seinen bekannten und weniger bekannten Darstellern. Allesamt sind es herausragende Exemplare aus den vergangenen zwei Jahrhunderten, die viel über ihre jeweilige Epoche verraten. Und das Tollste ist, dass man an beweglichen Schaumodellen und Spielstationen auch wirklich spielen darf. Im Dachgeschoss erwartet die Besucher schließlich das Prachtstück des Museums: eine originale und technisch voll funktionstüchtige Märklin-Eisenbahn (Spur 0) aus den 1930er-Jahren. Wenn die kostbare Weißblech-Welt in Betrieb genommen wird und der Zug mit Volldampf über die Schienen rattert, sind sich Groß und Klein einig: Spielen geht immer, auch ohne Computer und Co.

ⓘ Spielzeugmuseum im Havelland e.V., Schulweg 1, 14728 Kleßen; Tel.: 033235/29311; spielzeugmuseum-havelland.de

🕓 März–Nov. Mi–So und an Feiertagen 11–17 Uhr, Winterschließzeit Dez.–Feb., Gruppenführungen nach Vereinbarung.

€ 5 €, Kinder 2 €, Familien 9 €, Gruppen ab 8 Pers. 4 €.

20 Ein echter Hingucker – Optikpark Rathenow

Inmitten des Naturparks Westhavelland gelegen, ist Rathenow immer einen Ausflug wert. Nicht nur weil die Havelstadt an sich so viel Sehenswertes bietet, sondern weil sie dem Gucken, Schauen und Sehen einen eigenen Park gewidmet hat. Getreu dem Motto „Natur–Kultur–Entspannung“ ist der Optikpark das perfekte Ziel für die ganze Familie.

Auf der von Havelarmen umgebenen Schwedendamminsel unterstreicht Rathenow seinen Ruf als Stadt der Optik. Es war Pfarrer Duncker, der hier vor über 200 Jahren mit seinen Erfindungen die Grundlage der deutschen optischen Industrie legte. Neben allerlei beeindruckender Gartenkunst nähert sich der Optikpark daher auf vielfältige und kreative Art und Weise dem Thema Optik. Anhand der Gartenstrahlen im Zentrum erfahren Sie mehr über das Phänomen der Lichtbrechung durch ein Prisma (zwei drei Meter hohe Pyramiden), das mittels unterschiedlicher Pflanzenfarben gärtnerisch dargestellt wird. Oder betrachten Sie sich in der riesigen Verzerrer-Spiegelwand, schauen Sie sich den maßstabsgerecht verkleinerten Weg von der Sonne bis zum Pluto an und lassen Sie ihren Blick vom Bismarckturm über die Stadt schweifen. Besichtigen Sie das weltweit größte und funktionstüchtige Brachymedial-Fernrohr (Tubuslänge: 10,15 Meter, Gesamthöhe: 11,5 Meter, Gesamtgewicht: 13 Tonnen) und beäugen Sie den höchsten Leuchtturm Brandenburgs, natürlich mit Rathenower Linsentechnik. Eine entspannte Floßfahrt gefällig? Oder lieber im Regenhaus ein Gewitter erleben (Schirm nicht vergessen!) und dabei beobachten, wie ein „gefrorener Schatten“ entsteht? Und die Jüngsten? Erst durch Mikroskop, Periskop und Fernrohr klettern, dann das Grüne Klassenzimmer besuchen und zum Schluss auf das riesige Hüpfkissen? Oder doch erst nachschauen, was im Tiergehege los ist?

Zudem wartet der Optikpark alljährlich mit einem bunten Veranstaltungsprogramm auf. Neben thematischen Kinderfesten, dem Bierfest, der Serenade unterm Sternenhimmel oder der romantisch illuminierten Mühlenweihnacht begeistern die Besucher Auftritte von bekannten Musikern und Entertainern. Hier lohnt sich ein Wiedersehen!

Optikpark Rathenow GmbH, Schwedendamm 1, 14712 Rathenow; Tel.: 03385/49850; optikpark-rathenow.de

Apr.-Okt. tägl. 10–21 Uhr, letzter Einlass 19 Uhr.

€ Tageskarte Park: 5 €, erm. 2,50 €, Feierabendkarte (ab 16.30 Uhr) 2,50 €, Kinder und Jugendliche (11–17 Jahre): 1 €, Grünes Klassenzimmer 1 €.

21 Schaukelsauna auf dem See – Fontane-Therme Neuruppin

Die schwimmende Seesauna der Fontane-Therme ist ein Höhepunkt brandenburgischer Entspannungskultur. Leicht schaukelnd können Sie hier die Biosauna genießen, während hinter den großen Glasfassaden die Wasseroberfläche glitzert, nach einem kurzen Gang geht es hinein in den Ruppiner See. Ein Schwitzkasten, der begeistert!

Dabei ist die größte Seesauna Deutschlands nur eine von diversen Relax-Möglichkeiten, die hier angeboten werden. Es gibt gleich acht verschiedene Gelegenheiten, sich dem wohltuenden heißen Wasserdampf hinzugeben: traditionell in der Bio- und der Finnischen Sauna, klärend im Hamam, stimulierend im Kräuterdampfbad oder familiär in der Familiensauna (Fr–So 10–18 Uhr). Und wem der Sprung in den kühlen See nicht erfrischend genug ist, der kann in der Eisgrotte erstklassig frieren. Auf keinen Fall sollte man die Natursolepools und den Schwebepool unter freiem Himmel verpassen. Mit Blick auf den See sorgen Solekonzentrationen von drei bis acht Prozent für spürbare Erholung. Das natürliche Salzwasser entspringt übrigens 1.700 Meter unterhalb der Therme aus der Fontane-Quelle, Brandenburgs einziger staatlich zertifizierten Heilquelle. Das unverfälschte Nass aus der Tiefe ist besonders reich an Mineralstoffen, die sich nachweislich positiv auf den Hautstoffwechsel, das vegetative Nervensystem und die Atemwege auswirken. Zu den weiteren Raffinessen der Therme gehören Duschstraßen mit Lichteffekten, gemütlich eingerichtete Ruheräume und abwechslungsreiche Wellness-, Beauty- und Vitalangebote.

Saunieren mit Aussicht auf den Ruppiner See, danach ein kurzes Bad in selbigem, sich in natürlicher Sole treiben lassen, mit einem Fontane-Schmöker in der Hand vor dem Kamin einfach mal innehalten und sich zwischendurch kulinarisch von märkischen Köstlichkeiten verführen lassen – die Mark Brandenburg für alle Sinne. Und in den Abendstunden, wenn die Wasserbecken und die einnehmende Architektur illuminiert werden, kann man unterm Sternenhimmel ein traumhaftes Lichterspiel erleben.

Resort Mark Brandenburg, An der Seepromenade 21, 16816 Neuruppin; Tel.: 03391/40350; resort-mark-brandenburg.de

tägl. 10–22 Uhr.

Tageskarte Mo–Fr: 45 €, Kinder (3–14 Jahre) 20 €, Tageskarte Sa, So, Feier- und Brückentage 65 €, Kinder 30 €, Halbtageskarten, 4-Stundenkarte, Abend- und Familientarif, Ermäßigungen.

22 Wo sich „Theo“ entspannt – Neuruppin

Da gibt's weder Irrungen noch Wirrungen: Wer Mark Brandenburg sagt, muss auch Theodor Fontane sagen, und wer den „Theo“ kennt, der fährt nach Neuruppin! Der Geburtsort des Schriftstellers ist eine echte Perle Brandenburgs und besticht durch klassische Kultur, preußische Baukunst und ganz viel See.

Da sitzt er also, der „Dichter der Mark“. Das Denkmal zeigt ihn in entspannter Pose, die Beine locker übereinandergeschlagen, den Wanderstock beiseitegelegt, den Stift stets schreibbereit. Der Autor ist als Namensgeber der „Fontanestadt“ an vielen Stellen präsent, ebenso wie der geniale Baumeister Karl Friedrich Schinkel, der ebenfalls hier zur Welt kam. Beiden widmet das Museum Neuruppin eigene Ausstellungen. Wer ihre Heimatstadt, die bisweilen als „preußischste aller preußischen Städte“ bezeichnet wird, kennenlernen möchte, sollte sich einem der erfahrenen Stadtführer anschließen. Besonders empfehlenswert ist die Nachtwanderung mit Pater Wichmann, mit dem man sowohl einen „Kleinen Klosterbruder“ als auch die herrliche Aussicht vom Turm der Klosterkirche genießen darf. Von hier oben geht der Blick über die Silhouette der Stadt hinüber zum schier unendlichen Ruppiner See. Neben klassischer Literatur und der historischen Altstadt, die als Gesamtkunstwerk preußischer Baukunst gilt, ist der See das Ziel. Der immerhin längste See Brandenburgs ist ein beliebtes Revier für Paddelfreunde, Motorboot-Kapitäne und Segler – und eröffnet einen wunderschönen Blick auf die Stadt.

ALEX PURRUCKER

BB RADIO Voll die Vielfalt

Unweit von Neuruppin gibt es ein weiteres Highlight zu entdecken: In den Wäldern rund um Frankendorf können Sie eine Fahrt mit dem **Hundeschlitten** unternehmen – und dafür müssen Sie noch nicht einmal auf Schnee warten! Ob Sie ihr Gespann selbst lenken oder nur mitfahren, bleibt Ihnen überlassen – so oder so ist es ein einmaliges Erlebnis! Und am Ende der Tour geht es mit den aktiven Vierbeinern auf Tuchfühlung. Kontakt: Freizeit mit Huskies, Neudorf 34, 16818 Storbeck-Frankendorf; Telefon: 033924/79946; freizeit-mit-huskies.de

Tourismus-Service BürgerBahnhof GmbH & Büro der Fahrgastschifffahrt Neuruppin, Karl-Marx-Straße 1, 16816 Neuruppin; Tel.: 03391/45460; tourismus-neuruppin.de

Stadtführungen: 10.45 Uhr (ca. 1,5 Std.); Nachtwanderung (ca. 2 Std.): wechselnde Zeiten; Rundfahrten (ca. 1 Std.): Do–Di 11 Uhr, 12.30 Uhr, 16.30 Uhr, Mi 11 Uhr; Überraschungs-/Schleusenfahrten (ca. 2 Std.): Fr–Mo/Di–Do 14 Uhr.

Stadtführungen: 5 €, erm. 4 €, Kinder 3 €; Nachtwanderung: 10 €, erm. 8 €, Kinder 6 €; Rundfahrten: 12 €, erm. 9 €, Kinder (6–14 Jahre) 4 €; Überraschungs- / Schleusenfahrten: 16 €, ermäßigt 13 €, Kinder: 6 €.

23 Einlochen im Rhinluch – Golfplatz in Wall

Karierte Stoffhosen sind beinahe ausgestorben. Manchmal kann man sie noch in exklusiven Szenebars antreffen, wo sie ihren Trägern Aufmerksamkeit bescheren, aber in ihrem ursprünglichen Habitat, auf den Golfplätzen der Welt, sind sie heute fast verschwunden. Denn Golfen darf jeder.

Natürlich gibt es sie noch, jene auserlesenen Atmosphären, in denen gediegene Herrschaften das Putten, Pitchen und Chippen ausführen. Doch auch im Lande Brandenburg ist Golf längst kein Altherrensport mehr. Ganz nach dem Motto „Golf für alle" entstand ab 2004 inmitten der herrlichen Natur des Rhinluchs nahe dem namensgebenden winzigen Örtchen die Anlage „Golf in Wall", die ausdrücklich keinem elitären Denkmuster folgt. Mit zunächst nur vier Löchern, hat sich die bescheidene Spielwiese inzwischen zu einer großzügigen 27-Loch-Anlage gemausert, die für Golfer aller Spielstärken sportliche Herausforderungen bietet. Während sich die Geübteren über breite Fairways, vorbei an strategisch platzierten Hindernissen, vom Pitching- zum Putting-Green vorarbeiten, dürfen auf dem Kranichplatz auch Gäste zum Schläger greifen. Der öffentliche 9-Loch-Platz bietet die ideale Kulisse für Anfänger. Vorkenntnisse braucht man dafür nicht, nur sportliche Kleidung und gute Laune, um ein erstes Gefühl für Schläger, Schläge und Schwünge zu bekommen. Für nur 10 Euro pro Person – inklusive Leihschläger und Übungsbällen – wird an jedem zweiten Sonntag eine Schnupperstunde angeboten, bei der echte Profis alle Interessierten in die Grundlagen des Kurzen oder Langen Spiels einführen. Und wem das Handling beim Putten, Pitchen und Chippen partout nicht gelingen will, der darf auch mit den Füßen einlochen. Auf dem weitläufigen Gelände gibt es dafür einen Fußballgolfplatz mit 9 Löchern.

Golf in Wall, Am Königsgraben 1, 16818 Wall; Tel.: 033925/71135; golfinwall.de

Ganzjährig 8–19 Uhr.

Greenfee Kranichplatz 9-Loch für Gastspieler: Mo–Fr 17 €, Sa, So, Feiertage 20 €; Schnupperkurs: jeden 2. So 10–11 Uhr (60 Min.) 10 €; Jugendliche bis 18 Jahre 50% Rabatt.

24 Wo’s flattert und klappert – Storchenschmiede Linum

Man mag es kaum glauben, aber das beschauliche havelländische Dorf Linum ist einer der größten Rastplätze Mitteleuropas. Besonders Fluggäste von und nach Afrika machen hier gerne Halt und einige bleiben sogar etwas länger, obwohl es ihnen weder um Sprit noch um Kaffee und Currywurst geht.

Besonders im Herbst, wenn es sie wieder gen Süden zieht, nutzen Hunderttausende Kraniche und Wildgänse die Teichgebiete rings um Linum zur erholsamen Rast. Die schöne Moorlandschaft mit unzähligen Fischteichen und Wiesenniederungen bietet alles, was die Zugvögel für ihren weiten Weg benötigen. Und so finden sich, wenn die eindrucksvollen Formationen einfliegen, alljährlich auch unzählige Vogelfreunde ein, die dem gewaltigen Spektakel mit Ferngläsern und Kameras beiwohnen. Um die empfindlichen Großvögel nicht zu stören, bietet die „Storchenschmiede“ in Linum geführte Exkursionen und zahlreiche Veranstaltungen zum morgendlichen und abendlichen Einflug der langbeinigen Fernflieger an. So lassen sich die Tiere bestens beobachten und man erfährt von kundigen Führern jede Menge Interessantes aus erster Hand. Um die Besucherscharen möglichst naturschonend mit den gefiederten Reisenden bekannt zu machen, unterhält der NABU Berlin das Naturschutzzentrum schon seit 1991. Neben einer Ausstellung und Infomaterial werden auch Projekttage, Feriencamps und Seminare organisiert. Weil Linum zudem das zweitgrößte Storchendorf Brandenburgs ist, lohnt sich der Besuch nicht nur zur Hauptreisezeit. Im Ort sind mindestens acht Horste mit Weißstorch-Paaren besetzt, die hier versuchen, ihren Nachwuchs großzuziehen (März bis zweite Augusthälfte). Dann klappert es an allen Enden des Ortes und wenn einer der Elternvögel im Tiefflug die Dorfstraße entlangstreicht, ist das mehr als beeindruckend. Und sollte gerade keine Flugschau stattfinden: auf einer Bootsfahrt durch die Teichlandschaft kann man mit etwas Glück auf Biber treffen. Aber ja, in Linum gibt’s auch Kaffee und Currywurst.

ⓘ NABU-Naturschutzzentrum, Storchenschmiede Linum, Nauener Straße 54, 16833 Linum; Tel.: 033922/50500; berlin.nabu.de

🕓 Kranichsaison: Mitte Apr.–Anfang Nov. Do–Fr 10–16 Uhr, Sa, So und Feiertage 12–18 Uhr, Mo–Mi Ruhetage. Anfang August findet das Storchenfest statt.

€ 1,50 €, Familien mit Kindern 2,00 €, NABU-Mitglieder und Kinder unter 12 Jahren kostenlos.

25 Landwirtschaft einst und jetzt – Erlebnispark Paaren

Ob „Biene", „Bommel" und „Blümchen" sauer sind, weil ihnen die kürzlich eingezogenen Alpakas häufig die Show stehlen? Aber nein, denn schließlich sind die Thüringer Waldziegen nach wie vor die Maskottchen des Erlebnisparks und die forschesten Bewohner der Wohngemeinschaft im Arche-Haustierpark.

Ja, sie sind schon niedlich, diese wolligen Kamele aus Südamerika, aber die kecken Waldziegen sind die wahren Stars im Arche-Park. Mit ihnen wohnen Rotbunte Husumer Schweine, Cröllwitzer Puten, Deutsche Pekingenten, Diepholzer Gänse und eine ganze Hühnerschar in einer Wohngemeinschaft – allesamt alte Nutztierrassen, die hier vor dem Aussterben bewahrt werden. Seit 2007 leben die gefährdeten Haustiere in der Arche und erfreuen besonders die ganz jungen Besucher mit ihrem teils witzigen Aussehen. Außerdem kann man hier lernen, dass Esel weder borstig noch dumm sind und Hühnereier nicht im Pappkarton wachsen. Da auch die Wildtierhaltung Teil der brandenburgischen Landwirtschaft war und ist, werden in einem Schaugehege auf der „Hirschinsel" Mufflons und Damwild gehalten. Im „Grünen Klassenzimmer" werden Kindern und Jugendlichen dann ganz praxisnah die Zusammenhänge von Nahrung und Gesundheit, Naturschutz und Landwirtschaft vermittelt: Lernen als Erlebnis! Auch die „Wasserspielewelt" sorgt mit Spielgeräten und kleinen Fähren nicht nur für Unterhaltung, denn hier kann man mit der Nutzung von Solar- und Wasserkraft einiges erleben. Weiter geht's zum neuen Erlebnisbauernhof und zur Skaterbahn mit Tret- und Elektroautos. Im Schaugarten lassen Blaue Schweden, Bamberger Hörnchen und 100 weitere Kartoffelsorten sowie 300 verschiedene Kräuter die Herzen der Kleingärtner höherschlagen, während es im „Brandenburger Wäldchen" um die Themen Wald und Holz geht. Auf dem insgesamt 22 Hektar großen Gelände gibt es wirklich viel zu entdecken, zudem finden jährlich ca. 60 spannende Ausstellungen, Events, Messen und Feste statt. Da bleibt kaum Zeit für „Biene", „Bommel" und „Blümchen". Die meckern zwar, sind aber echt nicht sauer!

Märkische Ausstellungs- und Freizeitzentrum GmbH Paaren, Paaren im Glien, Gartenstraße 1–3, 14621 Schönwalde-Glien; Tel.: 033230/740; erlebnispark-paaren.de

Feb.–Nov. Mo–Fr 8–18 Uhr, Sa, So und Feiertage 9–18 Uhr. Events: Oldtimer Show (Pfingsten), Brandenburger Landwirtschaftsausstellung (BraLa) (2. Maiwochenende), Pferdesommer (Aug.), Havelländer Erntefest (Sept.), Ländliche Weihnacht (Dez.).

€ ohne Veranstaltung frei, Veranstaltung 8 €, erm. 5 €, Familienticket 20 €, Kinder bis 6 Jahre und Begleitpersonen für Rollstuhlfahrer frei; Tageskarte BraLa: 9,50 €, Kinder ab 6 Jahren 5 €, Familien 25 €, erm. 6,50 €.

26 Urzeit im Tier-, Freizeit- und Saurierpark Germendorf

Einer der größten Publikumsmagneten im BB-Land entstand aus dem Nichts bzw. aus den gefluteten Kiesgruben für den Autobahnbau. Nahe Oranienburg wurde ein Park geschaffen, der mit einer Mischung aus Zoo und Freibad, Dino-Schau und Freizeitparadies mit Fahrgeschäften kaum Wünsche offenlässt.

Direkt hinter dem Eingang beginnt das Vergnügen. Schön gestaltete Wege führen entlang der Waldseen zu Badestränden, Wasserrutsche und Spielanlage. Es gibt sogar einen extra Hundestrand für die vierpfotigen Begleiter. Eine Liegewiese mit Sitzgelegenheiten lädt zum Entspannen ein. Für das leibliche Wohl kann jeder an einem der Grillplätze, die man mieten kann, selbst sorgen. Weiter geht es zur Freilichtbühne, hinter der sich auf Trampolin, Hüpfburg und dem großen Piratenschiff prima Toben lässt. Ferner locken ein Karussell, Autoscooter, Minibikes und ein Spielbagger. Aufregendes Highlight ist jedoch die Seilbahn, mit der man quer über den See sausen kann – nicht nur für Kinder ein außerordentliches Vergnügen. Und das ist noch immer nicht alles! Im Tierpark leben über 650 Tiere. Hier kann man exotische Arten wie Kängurus und Flamingos entdecken oder die lustigen Erdmännchen sowie die Gibbons bei ihren schwungvollen Kletterpartien auf der Affeninsel beobachten. Auch heimische Tiere wie Schweine, Füchse und Waschbären sind vertreten. Und natürlich gibt es einen Streichelzoo mit Kaninchen und Ziegen. Zwischen den weitläufigen Gehegen bietet die Indoor-Spielhalle bei jedem Wetter allerlei Vergnügungen, die Märchenbahn dreht bimmelnd ihre Runden und weitere Spielplätze wollen erobert werden. Sogar eine Kunsteisbahn fehlt hier nicht. Schließlich geht es endlich in den Dino-Park. Schon von Weitem ist der gewaltige Brachiosaurus zu erkennen, der seinen Kopf in die Höhe reckt. Ein Rundweg mit etwa 100 lebensgroßen Modellen führt durch die Erdzeitalter von T-Rex und Ur-Hai bis hin zu Mammut und Säbelzahnkatze. Und wer hat den Mut, Brandenburgs einzigen aktiven Vulkan zu besteigen? Vorsicht, ein Ausbruch ist jederzeit möglich!

Tier-, Freizeit- und Saurierpark Germendorf, An den Waldseen 1a, 16515 Oranienburg OT Germendorf; Tel.: 03301/3363; freizeitpark-germendorf.de

März und Okt. tägl. 9–18 Uhr, Apr.–Sept. tägl. 9–19 Uhr, Nov.–Feb. tägl. 9–17 Uhr.

5 €, erm. 3 €, Kinder (2–6 Jahre) 2 €, (7–16 Jahre) 2,50 €.

Alle Wege sind für Kinderwagen und Rollstuhlfahrer geeignet.

27 Einmal alles, bitte – Erlebnisbad TURM Oranienburg

Hier alle Aktivitäten einmal auszuprobieren, wird Ihnen ehrlich gesagt kaum gelingen! Denn nicht umsonst gilt die TURM-Erlebnis-City Oranienburg als größte Sport- und Freizeitanlage in Brandenburg. Seit 2002 wird unter einem Dach so ziemlich alles geboten, was mit Spiel und Spaß, Fit- und Wellness zu tun hat.

Es hört sich an wie echter Urlaub. Das Rauschen der anrollenden Brandung im Auslaufbereich des 400 Quadratmeter großen Wellenbeckens ist pure Verlockung, sich in die wogenden Wellen zu stürzen. Im 34 °C warmen Solebecken mit Innen- und Außenbereich möchte man sich einfach nur treiben lassen. Im Außenbecken sorgen Wassersprudel und Regenduschen für wohlige Schauer, während der Strömungskanal mitreißende Schwimmerlebnisse bietet. Rasante Aqua-Action mit Licht- und Soundeffekten erwartet Rutschfans in der 80 Meter Black-Hole-Wasserröhre (ab 7 Jahren) oder der 30 Meter langen Langnese-Turbo-Rutsche (ab 9 Jahren). Gemächlicher geht es im Whirlpool oder dem 32 °C warmen Wasserspielgarten für die Kleinsten zu. Springbrunnen, Fontänen und allerlei lustiges Wassergetier bieten beste Voraussetzungen für einen Erstkontakt mit dem nassen Element. Und wer sich durch die über 1.300 Quadratmeter große Wasserfläche geplanscht hat, der darf eine Vier-Sterne-Saunalandschaft mit diversen heißen Hütten, herrlichem Saunagarten sowie einen Wellnessbereich mit Massage-, Kosmetik- und Friseurangebot genießen. Alternativ kann man sich noch im Fitnesscenter auspowern, sich an den Bowling- und Kegelbahnen versuchen oder die 15 Meter hohe Kletterwand erklimmen.

Und weil all das Schwimmen und Klimmen, Spritzen und Schwitzen den Appetit befördert, sorgen Bistros für die nötige Stärkung, während Cocktailbar, Sportsbar und Restaurant ganz auf gepflegte Gemütlichkeit setzen. Ausgefallener ist die „ErlebnisKüche". Hier werden Kochshows zelebriert oder Hobbyköche schwingen unter professioneller Anleitung selbst den Löffel. TURM steht für „Täglich Urlaub Riesen Möglichkeiten" – vier Buchstaben die alles verheißen, außer Alltag!

ⓘ TURM ErlebnisCity Oranienburg, André-Pican-Straße 42, 16515 Oranienburg; Tel.: 03301/5738-1111; erlebniscity.de

Erlebnisbad: So–Do 9–20 Uhr, Fr, Sa, Feiertag, Ferien 9–22 Uhr.

€ Erlebnisbad: 2 Std. 11,50 €, ermäßigt 9 €, 4 Std. 14,50 €, erm. 12 €, Tageskarte 18,50 €, erm. 16€, Familientarif (4 Std.) 36 €, 7 Tageskarte 48 €.

28 Meckern, muffeln, heulen – Wildpark Schorfheide

Bei Groß Schönebeck herrscht Zickenalarm. Und nicht nur das. Es wird gemeckert, gemuffelt und mit den Wölfen geheult. Es pfeift der Otter und lauscht der Luchs, die Pferde sind ungezähmt, die Elche gelassen und die wollige Saubande grunzt ihren Kommentar dazu. Es geht herrlich wild zu im Wildpark.

Nahe dem Tor zur Schorfheide bietet der sorgfältig in die Landschaft eingebettete Wildpark seit 1996 die Gelegenheit, einige erholsame und lehrreiche Stunden zu verbringen. Durch das über 100 Hektar große, sehr weitläufige Areal führt ein sieben Kilometer langes Wanderwegenetz mit Rast-, Spiel- und Picknick-Plätzen – ideal für Wanderer, Rad- und Bollerwagenfahrer. Und wer es ganz bequem haben möchte, entscheidet sich für eine Fahrt mit Kremser oder Kutsche. In den verschiedenen Gehegen mit Großwildtieren lassen sich Elche und Wisente, Rot- und Damhirsche, Europäische Mufflons, Wildschweine und Przewalski-Pferde beobachten. Spannend sind auch einige ursprüngliche, vom Aussterben bedrohte Haustierrassen wie das rauwollige Pommersche Landschaf und das Mangalitza-Wollschwein. Auf keinen Fall sollte man sich die Fütterung der Luchse (11 Uhr, außer Di) und der scheuen Otter entgehen lassen (11.30 Uhr), von denen sonst häufig nur ein Pfeifen ihre Anwesenheit verrät. Und dann geht es zum Streichelgehege, wo Ziegen und Ferkel auf Streicheleinheiten warten.

Ein ganz besonderes Erlebnis sind die Vollmondwolfsnächte. Man sollte sich schon frühzeitig anmelden, da sich nach wie vor viele Menschen von der fantasieanregenden Kombination aus Vollmond und Wolf angezogen fühlen. Nach einem leckeren Buffet in der Kräuterküche werden die Besucher quer durch den dämmerigen Park zum Gehege geführt, wo sie aus nächster Nähe die Fütterung der grauen Räuber erleben. Zurück geht es im Schein von Fackeln und Vollmond, um in der Köhlerhütte über das Erlebte zu plaudern.

Wildpark Schorfheide, Prenzlauer Straße 16, 16244 Schorfheide OT Groß Schönebeck; Tel.: 033393/65855; wildpark-schorfheide.de

tägl. 9–18 Uhr, letzter Einlass 16 Uhr.

8 €, erm. 5,50 €, Kinder unter 4 Jahren frei.

Ein Großteil der Tiergehege ist für Rollstuhlfahrer zu erreichen. Fernglas und Teleobjektiv für die Kamera nicht vergessen. Leih-Bollerwagen für Kleinkinder.

29 Mit Feen und Fackeln feiern – Inselleuchten in Marienwerder

Keine Lust mehr auf Rockfestivals, volle Stadionkonzerte und unnahbare Arenabühnen? Endlich genug von haushohen Lautsprecherwänden und fadem Einheitsbrei? Keine Angst, in Marienwerder gibt es genau das Richtige: Einige nennen es das „Festival für Erwachsene".

Die Natur auf der kleinen Kanalinsel bei Marienwerder hat sich etwas Wildes und Ursprüngliches bewahrt. Nahe der historischen Leesenbrücker Schleuse wird es beschaulich. Nur das Wasser gluckst und die alten Bäume recken ihre knorrigen Äste in den Himmel – ein idealer Ort, um an lauen Sommerabenden draußen zu verweilen. Einmal im Jahr verwandelt sich die verträumte Insel für zwei, drei Tage in eine magische Zauberwelt. Dann tanzen liebliche Feen im Kerzenschein und Jongleure spielen mit dem Feuer. Auf einer Riesenschaukel kann man in den Sternenhimmel fliegen, mit einem Kahn übers Wasser schaukeln und großartigen Musikern bei einem Open-Air-Konzert lauschen. Das Festival Inselleuchten findet bereits seit 2004 statt und hat sich mit seiner magisch beleuchteten Kulisse zu einem der schönsten Kulturereignisse in Brandenburg gemausert. Stets sind auch die bekanntesten deutschsprachigen Musiker zu Gast, deren Darbietungen im Spiel mit Licht und Illusionen eine besondere Wirkung entfalten. Und während sich Liedermacher und Rockpoeten auf der Bühne der Spielfreude und Textkunst hingeben, müssen die Zuhörer nicht auf ein Glas Rotwein oder feine Appetithappen verzichten. Vielen gilt das „Inselleuchten" daher als ein Mekka der anspruchsvollen Unterhaltung und Club-Variante unter den Sommerfestivals, eben ein Musikfest für Erwachsene.

Inselleuchten, Küsterfleck 10, 16348 Wandlitz OT Lanke; Tel.: 03337/425730; inselleuchten.de

Anfang Juli.

ab 50 €, weitere Preise siehe Website.

Bedingt für Rollstuhlfahrer geeignet.

Wer traut sich ins Hexenhaus? – Familiengarten Eberswalde 30

So viele spannende und abenteuerliche Erlebnisse an einem Stück gibt es selten. Und alles so kunterbunt: Märchenwelt und Industriegeschichte, hier Spiel, dort Sport, man kann schauen, riechen und ausprobieren. Hier ist garantiert für jeden etwas dabei!

Direkt hinter dem Eingang geht es los. Zunächst mit ein paar Runden auf dem Tretauto-Parcours, bevor man kurz ins neue Walzwerk schaut und die größte Taschenuhr der Welt bewundert. Dann heißt es „Helm auf" und mit dem Tretboot durch die geheimnisvoll beleuchteten unterirdischen Kanäle schippern. Danach müssen der ungeheure „Birmesische Bauchgleiter" und seine Kollegen im Abenteuerland erobert werden. Nach der Riesen-Flipperbahn gilt Teamwork, denn nur gemeinsam kann das Wrack der „Nautilus" gehoben werden. Gut, dass es in der Gartenwelt beschaulicher zugeht. Aber da lockt schon die historische Kranbahn. Aus acht Metern Höhe lässt sich alles prima überblicken, bevor man durch die Rutschröhren abwärts rauscht. Vorbei an der alten Dampfspeicherlok „Roland" geht es zum Wahrzeichen des Parks, dem riesigen „Montage-Eber", einem 58 Meter hohen Kran mit einer Besucherplattform. Nun braucht es ein wenig Mut: Wer traut sich, ins Zauberschloss zu klettern? Im dichten Märchenwald wird es noch fantastischer. Wer findet den Weg durchs Labyrinth? Schon sind die brodelnden Töpfe der geheimnisvollen Hexenküche zu hören, dort ein schwebendes Vogelnest, ein riesiger Drache, sogar ein Fischerdorf und das verrückte Baba-Jaga-Haus auf riesigen Hühnerbeinen. Nach all dem Klettern, Schaukeln und Verstecken ist es Zeit für eine Pause. Natürlich nicht auf irgendeiner Parkbank, sondern auf der wahrscheinlich längsten Sitzbank Europas.

ⓘ Familiengarten, Am Alten Walzwerk 1, 16227 Eberswalde, Tel.: 03334/384910; familiengarten-eberswalde.de

🕓 Apr.–Okt. tägl. 10–18 Uhr.

€ Tageskarte: 4 €, erm. 2 €, Kinder (4–16 Jahre), Kinder bis 3 Jahre und Begleitpersonen: frei.

💡 Die meisten Attraktionen sind barrierefrei zugänglich. Bollerwagen und Rollstuhl können ausgeliehen werden.

31 Wo der weiße Löwe wohnt – Zoo Eberswalde

Auge in Auge mit dem König der Tiere – ohne Zaun, ohne Gitter, ohne Wassergraben. Ja, wenn man unvermittelt mitten im Löwengehege landet, umzingelt von einem ganzen Rudel neugierig dreinblickender Raubkatzen, kann einem ganz schön mulmig werden. So müssen sich Mäuse angesichts einer Katze fühlen …

Tatsächlich bietet der Zoo in Eberswalde die wohl aufregendste Löwenanlage der Welt: Durch einen Tunnel gelangen die Besucher in eine rundum verglaste Höhle in der Mitte des Geheges. Von hier aus lassen sich die umherschleichenden Raubkatzen aus nächster Nähe beobachten – und natürlich beäugen auch sie die Besucher. Doch das überaus spannende Löwengehege ist nur ein Grund, warum der zoologische Garten von Eberswalde zu den beliebtesten Familienausflugszielen im BB Radio-Land gehört und als einer der schönsten „Kleinen Zoos" Deutschlands gilt. Auf dem 15 Hektar großen Gelände tummeln sich insgesamt rund 1.500 Tiere aus fünf Kontinenten, die in bemerkenswerten Anlagen leben. So teilen sich Bären und ein ganzes Rudel Wölfe ein großzügiges Areal, während in der Kamelanlage Trampeltiere, Esel und Yaks gemeinsam mit Hängeohrziegen und kaukasischen Stachelschweinen wohnen. Das Gehege für Damwild und Kängurus ist ebenso wie das Urwaldhaus mit tropischen Pflanzen, Leguanen und Krokodilen begehbar. Sensationell ist zudem das einzigartige Tigerfreigehege. Inmitten einer eiszeitlichen Gletscherlandschaft mit Klimapfad und Abenteuerspielplatz kann man der größten noch lebenden Raubkatze unserer Erde begegnen, dem Armurtiger.

Mit der Zooschule und dem Streichelzoo, Märchenwanderungen, Kindersafaris und nicht zuletzt acht Waldspielplätzen sorgt man in Eberswalde dafür, dass sich auch die jungen Zoo-Besucher nicht langweilen und bei Spiel und Spaß Verständnis für die ökologischen Zusammenhänge erlangen. Also schnell zur Pinguinfütterung und dann noch mal zum Löwengehege, vielleicht lässt sich „Smart" ja diesmal blicken. Kein Zoobesuch, ohne wenigstens einmal den weißen Löwen zu sehen!

Zoo Eberswalde, Am Wasserfall 1, 16225 Eberswalde;
Tel.: 03334/22733; zoo.eberswalde.de

tägl. 9 Uhr bis zur Dämmerung; Kasse: Frühjahr/Sommer: bis ca. 18 Uhr, Herbst/Winter: bis ca. 16 Uhr; Führungen: Mo–Fr 10–16 Uhr; Fütterungszeiten: Zwergotter: Apr.–Sept. 10 und 14 Uhr, Pinguine: tägl. 11 und 15 Uhr, Loris im Urwaldhaus: tägl. 13 Uhr.

10 €, erm. 5 €, Kind/Schüler (4–17 Jahre) 5 €, Kind (0–3 Jahre) frei; Familienticket (2 Erw. und bis zu 4 Kindern (4–17 Jahre)) 25 €; Führungen (10–25 Personen): 40 € pro angefangene Stunde, nur auf Voranmeldung; Zooschule: 1,50 €.

Der Zoo ist überwiegend barrierefrei gestaltet.

32 Ingenieurskunst vom Feinsten – Schiffshebewerk Niederfinow

Bitte einsteigen, nicht drängeln und gut festhalten, die Fahrt geht aufwärts. Es ist immer wieder ein Erlebnis, wenn der gigantische Fahrstuhl seine 4.290 Tonnen schwere Kabine in nur 20 Minuten 36 Meter nach oben befördert. Das Schiffshebewerk Niederfinow ist ein wahrlich erhebendes Wahrzeichen der Ingenieurskunst.

36 Meter mögen in einem Gebäude nur einige Stockwerke ausmachen, für ein Schiff ist es ein nahezu unüberwindlicher Höhenunterschied. In Niederfinow übernimmt ein Schiffshebewerk die gewaltige Aufgabe, und zwar unermüdlich seit 1934. Damit ist es der älteste noch arbeitende Schiff-Fahrstuhl Deutschlands und eine touristische Attraktion der Sonderklasse. Täglich finden sich etwa tausend Besucher ein, um dabei zuzusehen, wie die ungewöhnliche Stahlkonstruktion Boote, Kähne und Schiffe hinauf- und hinabhievt. Es ist nach wie vor beeindruckend, was die Ingenieure damals aus 14.000 Tonnen Stahl und fünf Millionen Nieten konstruiert haben. Der meisterhaft verstrebte Koloss inmitten der waldreichen Landschaft ist ein technisches Wunderwerk, das jeden Tag erneut seine Funktionstüchtigkeit unter Beweis stellt und die Besucher zum Staunen bringt. Und am Ende wissen alle, warum der riesige Fahrstuhl-Trog immer genau 4.290 Tonnen wiegt, egal wie schwer die mitfahrenden Passagiere sind. Übrigens, wem das Bewundern des geschützten Industriedenkmals beim Gang über die Besuchergalerie nicht genügt, dem sei der Kanuverleih in Oderberg empfohlen. Dort werden Paddeltouren inklusive Durchschleusung angeboten. Noch näher kann man dem historischen Wahrzeichen der Ingenieurbaukunst nicht kommen. Doch bei aller Begeisterung, das Hebewerk ist hoffnungslos veraltet. Daher entsteht in direkter Nachbarschaft ein neuer Schiff-Lift, mit dem auch moderne, bis zu 110 Meter lange Gefährte befördert werden können. Das 300-Millionen-Euro-Projekt soll die Arbeit in den nächsten Jahren aufnehmen, ebenfalls besucherfreundlich.

Schiffshebewerk Niederfinow, Hebewerkstraße 52, 16248 Niederfinow; Tel.: 033362/71377.

Ende Febr.–Ende Dez. tägl. ca. 9.30–17.30 Uhr; Führungen auf Anfrage.

3 €, erm. 2 €, Kinder unter 6 Jahren frei.

33 Sterne, Mond und Alte Oder – Mondscheinkanutour Oderberg

Wenn man erst einmal drin sitzt, dann geht es eigentlich ganz leicht. Wenn dann auch die Mitfahrer in das schwankende Gerät eingestiegen sind, dann geht es schon los, erst noch etwas unrund, bald schon im Rhythmus. Ahoi, Alte Oder, wir kommen! Kanufahren ist ganz leicht und doch ein Erlebnis.

Die herrliche Landschaft am Rande des Oderbruchs mit einem Kanu zu erkunden hat seinen ganz besonderen Reiz. Direkt neben dem Museumsschiff in Oderberg kann man sich das notwendige Zubehör ausleihen. Es reicht eine kurze Einweisung, weil das ruhige und wenig befahrene Wasser der Alten Oder es selbst dem trockensten Anfänger leicht macht. Entweder man paddelt einfach los, vielleicht sogar mehrere Tage, oder man schließt sich einer geführten Tour an, die regelmäßig von hier aus starten. So können Sie sich einmal in einer winzigen Nussschale durch das gewaltige Schiffshebewerk Niederfinow schleusen lassen oder den Sonnenaufgang auf der Oder erleben, inklusive Frühstücks-Picknick am Oder-Strand. Die beliebtesten Touren beginnen jedoch gegen Abend. Wenn es dämmert, kann jeder Teilnehmer einigermaßen mit Boot und Paddel umgehen und es geht in Richtung Sonnenuntergang. Am Ufer ziehen knorrige Bäume, Schilf und Seerosen vorbei und mit ein wenig Glück lassen sich sogar Eisvögel und Biber entdecken. Auf der Hälfte der Strecke wird gepicknickt, natürlich mit den leckeren Produkten aus der Region. Allmählich schwindet das Licht und die Boote fahren im Schein der Laternen weiter. Faszinierend, wie anders man die Geräusche der Natur bei Dunkelheit wahrnimmt. Ein plötzliches Rascheln im Ufergehölz, das Rauschen, wenn der Wind durch den Schilfgürtel säuselt. Dann heißt es „Alle Paddel aus dem Wasser" und in der leichten Strömung der Alten Oder treiben die Boote eine Weile als großes Floß dahin. Schon ist die beleuchtete Kirche von Oderberg zu erkennen und am Strand wartet ein flackerndes Lagerfeuer auf die Mondscheinfahrer.

Kanu Verleih Oderberg, Hermann Seidel Straße 62, 16248 Oderberg; Tel.: 0174/5315452; kanu-oderberg.de

Kanu-Zeiten: Apr.–Okt. 9–19 Uhr und nach Absprache.

Mondscheintour: 30 €, jeden Fr u. Sa; Kanu-Oder-Tour oder Frühaufsteher-Tour: (ab 4.30 Uhr) 30 €; Oma-Opa-Enkel-Tour: 12 €, Jun.–Aug. jeden Mi; Kanu und Kultur: 35 €, jeden So; Schiffhebewerktour: 25 €, Mai–Sept., jeden Sa.

34 Vier Wadenbeißer für's Diplom – Turm-Diplom in Bad Freienwalde

Der Turmwanderweg von Bad Freienwalde hat es in sich. Zwölf Wanderkilometer mit fast 500 Höhenmetern und insgesamt 425 Turmstufen müssen erst einmal bewältigt werden. Dafür gibt es herrliche Fernsichten, spannende Aussichten, vielleicht sogar Einsichten, und auf alle Fälle das einmalige Turmdiplom.

Das große Auf und Ab startet am Bahnhof in Falkenberg/Mark. Der Weg führt quer durch das Ortszentrum, ein Stück den Fontane-Weg entlang, bis die erste Markierung für den Turmwanderweg auftaucht. Schon geht es steil zum Kammweg hinauf, der durch herrlichen Wald bis auf den Schlossberg zum Bismarckturm von 1895 führt. 112 Stufen sind zu erklimmen, dann wird man in 28 Meter Höhe mit einem weiten Blick über die Hügel und Schluchten des Oberbarnims und Niederoderbruchs belohnt. Bei klarer Sicht kann man in der Ferne sogar das Schiffshebewerk Niederfinow erkennen. Kurz durchschnaufen, dann wird der „Watzmann" mit seinem Gipfelkreuz umrundet, hinab geht es in die Mariannenschlucht und wieder hinauf zum idyllischen Teufelssee.

Das nächste Ziel ist der hölzerne Eulenturm am Haus der Naturpflege. Mit nur 54 Stufen ist er der kleinste der Türme und lässt daher genügend Puste, die umgebende Naturoase in Augenschein zu nehmen, in der übrigens das Naturschutzzeichen mit der Waldohreule erfunden wurde. Nach einem Blick auf Innenstadt und Kurviertel von Bad Freienwalde geht es zur 66-Meter-Skisprungschanze. 161 Stufen, 32 Meter Höhe, ein Blick bis nach Polen und ein paar Knirpse, die sich wagemutig auf Skiern in die Tiefe stürzen. Respekt!

Respekt nötigt auch der weitere Weg durch die Papenberge ab. Vielleicht sorgt das frische Wasser der Kurfürstenquelle für einen Energieschub, es soll magische Wirkung haben. Es folgt ein steiler Anstieg über 225 Stufen hinauf zu einer Kapelle, dann verläuft der Pfad wieder steil hinab zum Galgenberg, auf dem der Aussichtsturm thront. Das ehemalige Kriegerdenkmal von 1879 wartet nochmals mit 98 wadenbeißenden Stufen und einer herrlichen Rundumsicht auf. Der vierte Stempel – Turmdiplom!

ⓘ Bad Freienwalde Tourismus GmbH – Tourist-Information, Uchtenhagenstraße 3, 16259 Bad Freienwalde (Oder); Tel.: 03344/150890; bad-freienwalde.de/turm-diplom

Apr.–Okt. Mo–Fr 9–18 Uhr, Sa, So, feiertags 10–15 Uhr; Nov.–März Mo–Fr 10–16 Uhr, Sa, So, feiertags 10–14 Uhr; Türme: Apr.–Okt. Fr–So und feiertags 10–17 Uhr. Für Gruppen an anderen Tagen auf Anfrage.

€ je Turm: 2 €, erm. 1 €, Turm-Ticket: 6 €, erm. 3 €.

35 Mini-Alpen-Wanderung – Durch die Märkische Schweiz

Als die letzte Eiszeit über das Land schrappte, da bewies sie auf der Hochfläche des Barnim besondere Kreativität. Anstatt wie sonst alles platt zu machen, hinterließ sie auf kleinstem Raum Seen, Berge, Schluchten, Kehlen, Täler, Sölle, Quellen, Moore und Flüsse. Kurz gesagt: die Märkische Schweiz.

Rund 60 Kilometer östlich von Berlin kann man fast alle Landschaftselemente Brandenburgs in unmittelbarer Nähe zueinander erleben. Die Region ist daher seit Langem ein Paradies für Wanderer und Naturliebhaber. Insgesamt führt ein 150 Kilometer langes, gut erschlossenes Wanderwegenetz durch die landschaftliche Vielfalt, in deren Zentrum 1990 der Naturpark Märkische Schweiz ausgewiesen wurde. Auf einer Tageswanderung über die Naturparkroute lernt man die Märkische Schweiz von ihrer schönsten Seite kennen. Folgen Sie einfach dem roten Punkt. Der zertifizierte Wanderweg (20,8 km, ca. 6–7 Std.) führt vorbei an sagenumwobenen Seen und sprudelnden Flüssen, durch wildromantische Schluchten und Täler, hinauf auf sanfte Hügel und zu beeindruckenden Aussichtspunkten. Lassen Sie sich wie einst schon Theodor Fontane, Bertolt Brecht und Egon Erwin Kisch von dem schweizerischen Charakter der brandenburgischen „Mini-Alpen“ faszinieren. Idealer Startpunkt für die Tour ist das Besucherzentrum Schweizer Haus, in dem man viel über Geschichte, Flora und Fauna des Naturparks erfahren kann. Zudem werden hier spannende Entdeckertouren angeboten. Und lassen Sie sich nicht die Perle der Märkischen Schweiz entgehen. Das beschauliche Buckow, der einzige Kneipp-Kurort Brandenburgs, war schon immer ein Lieblingsort der Prominenz. Hier am Ufer des glasklaren Schermützelsees lustwandelten schon Kaiser und Zaren, berühmte Publizisten, Künstler und Politiker. Und wer lieber mit dem Drahtesel unterwegs ist: keine Angst vor den „Bergen“. Das brandenburgische Buckelgebirge verlangt dem Radler zwar einiges an Kondition ab, bietet jedoch auf unterschiedlichen Touren immer wieder spektakuläre Orte zum Verschnaufen.

ⓘ Besucherzentrum Schweizer Haus, Lindenstraße 33, 15377 Buckow (Märkische Schweiz); Tel. 033433/15841; maerkische-schweiz-naturpark.de; Touristinformation Märkische Schweiz, Sebastian-Kneipp-Weg 1, 15377 Buckow (Märkische Schweiz); Tel.: 033433/65982 oder 65983; kurstadt-buckow.de

🕓 Besucherzentrum: tägl. von 10–16 Uhr.

36 Herzklopfen in luftigen Höhen – Rundflug über Brandenburg

Das Cockpit rüttelt, ein Alarm blinkt und schrillt, kein Auftrieb mehr, der Pilot rudert am Steuerknüppel, langsam kippt das Flugzeug, beginnt zu trudeln – Strömungsabriss! So ähnlich kennen wir das aus zahllosen Actionfilmen. Doch gucken kann jeder, aber wer hat den Mut, dabei selbst im Cockpit zu sitzen?

MARLITT

Keine Angst, die Piloten haben alles im Griff, ein Strömungsabriss gehört zum Standardprogramm der Ausbildung. Aber auch wenn man weiß, was kommt, sackt selbst dem Furchtlosesten das Herz in die Hose. Mut braucht man auch, um bei einem Parabelflug einmal höchstpersönlich die Gesetze der Schwerkraft auf die Probe zu stellen. Ein Steigflug bis auf 1.000 Meter, dann ein Sturzflug mit bis zu 220 km/h, kurz erlebt man das Gefühl echter Schwerelosigkeit, dann die doppelte Schwerkraft. Wem das alles zu viel praktische Physik ist, der sollte sich mit einem beschaulichen Rundflug begnügen. Der Fluggast bestimmt die Route. Möchten Sie eine Schleife über Ihr Heimatdorf ziehen oder den Scharmützelsee in wolkiger Höhe umrunden? Erst von hier oben lässt sich die ganze Schönheit und Weite Brandenburgs wirklich erfassen. Noch höher hinaus geht es mit dem zweisitzigen Sportflugzeug (Flughöhe: knapp 3.000 Meter). Über einem nur der azurblaue Himmel, die überwältigende Aussicht reicht bis zu 100 Kilometer weit. Da möchte man am liebsten selbst … Kein Problem! Wer möchte, darf nach dem Abheben die Steuerung übernehmen und einmal selbst Pilot sein.

BB RADIO Voll die Vielfalt

Nachdem Sie wieder festen Boden unter den Füßen haben, wartet gleich das nächste Highlight in Strausberg. Denn nun gilt es Brandenburgs **Bergwelt** zu entdecken. Berge in Brandenburg? Auf jeden Fall, und das sogar mit Gipfelkreuz, Wasserfall und allem Drum und Dran, was zu einem echten Bergabenteuer dazugehört. Beim spektakulären Fels- und Höhlenklettern können Sie ultimativen Kletterspaß und Adrenalinkick erleben! Kontakt: CLIMB UP! – Bergwelt ® in Strausberg, Ruppiner Chaussee 99, 16761 Hennigsdorf; Tel.: 030/810381012; climbup.de

ⓘ Rundflug Berlin-Brandenburg, Am Flugplatz 16, 15344 Strausberg Nord; Tel.: 03341/305364; rundflug-berlinbrandenburg.de

🕔 Terminbuchungen über die Website.

€ Rundflug: 15 Min. 59 €, 30 Min. 99 €, 60 Min. 179 €, 90 Min. 259 €; tiefer Überflug Flughafen Berlin Schönefeld: 35 €; Erlebnis selber fliegen: 30 Min. 139 €, 60 Min. 199 €, 90 Min 279 €; Pilot für einen Tag (1,5–3 Std.): Economy 299 €, Business 399 €, First Class 579 €; Höhenflug (ca. 3.000 m): Economy 199 €, Business 259 €, Capitän's Class 359 €; Mutprobe-Strömungsabriss oder Parabelflug: try it… 179 €, Must have… 199 €; Videoaufnahme inklusive Funkverkehr: 35 €.

37 Expedition in die Wildnis – Brandenburg-Safari

Spätestens wenn es so richtig rumpelt und sich der große Geländewagen vorsichtig über holprige Waldpisten tastet, fühlt es sich an wie eine echte Safari irgendwo im afrikanischen Urwald. Herrliche Aussichten, spannende Begegnungen und jede Menge Natur – unternehmen Sie eine Expedition durchs wilde Brandenburg!

Auch wenn die Expeditionsteilnehmer gelegentlich ein wenig durchgeschüttelt werden, der Landrover nimmt jeden Buckel gelassen hin, den ihm die Wildnis vor die Räder wirft. Aber keine Angst, die erfahrenen Ranger haben alles im Griff – und richtig spannend wird es erst. Wie wäre es mit einem herausfordernden „Teamtag"? Mal sehen, was die Kollegen so drauf haben, wenn Schreibtisch und Computer ganz weit weg sind. Dann gilt es, ein eigenes Floß zu bauen, mit Kanus um die Wette zu fahren und schließlich zu testen, wer beim Bogenschießen ein ruhiges Händchen beweist. Beim anschließenden Picknick oder Grillfest am Lagerfeuer lassen sich die gemeinsamen Erlebnisse prima verdauen. Der Junggesellenabschied soll mit noch mehr Action gefeiert werden? Kein Problem, zum Auftakt gibt es eine kleine Schatzsuche mit GPS-Geräten, dann werden alte Bunkeranlagen erforscht und schließlich wird noch eine schwungvolle Runde mit einem echten Panzer gedreht.

Auf diesen Safaris wird fast alles möglich gemacht. So kann man sich mit dem robusten Geländewagen auch ganz gemächlich durch die wild romantische Landschaft schaukeln lassen, um die Pracht der Adonisröschen zu erleben. In dieser Vielfalt kommen die gelben Blumen nur an den Oderhängen vor und bilden – mitten in Brandenburg – eine einmalige und wirklich sehenswerte Steppenvegetation. Zum Abschluss findet ein kleines Picknick statt, wobei man sogar die Störche beim Nestbau beobachten kann, oder es wartet ein Tisch in einem der romantischen Landgasthäuser. Die Touren werden, weil ja jede Jahreszeit ihren Reiz hat, ganzjährig angeboten. Wie das Wetter auch wird, eine Safari durch Brandenburgs Wildnis ist immer wieder eine abenteuerliche Expedition in die Heimat.

Brandenburg-Tours, Florastraße 26, 15370 Fredersdorf-Vogelsdorf (bei Berlin); Tel.: 033439/76542 oder 0173/6111027; brandenburg-tours.de

Ganzjährig nach Vereinbarung.

Zwischen 6 und 20 Personen können ab 65 € p.P. an den Touren teilnehmen.

38 Auf Platz und Sieg – Galopprennbahn Hoppegarten

Da laufen sie, große Pferde mit kleinen Männern und feine Damen mit großen Hüten. Britische Royals wird man hier zwar nicht antreffen, doch ein Tag auf der Galopprennbahn Hoppegarten ist auch so ein Spektakel und ein großer Spaß für alle – wetten, dass?

Östlich von Berlin befindet sich eines der bedeutendsten Pferderennsportzentren Deutschlands. Erstmals ertönte die Startglocke im Mai 1868, angeschlagen vom preußischen König Wilhelm I. höchstselbst. Fortan entwickelte sich die 430 Hektar große Anlage zur wichtigsten deutschen Pferderennbahn, die bis zum Ersten Weltkrieg der Treffpunkt der Berliner Gesellschaft und Politik war. Dann sank sie in einen langen Dämmerschlaf, aus dem sie erst nach der Wiedervereinigung allmählich wieder erwacht ist. Seither wurden die Bahn und die historischen Backsteintribünen aufwendig restauriert. Heute bieten sie etwa 3.000 Sitzplätze, von denen aus die Zuschauer nicht nur eiligen Pferden, sondern auch vielen Sonderveranstaltungen beiwohnen können. Wirklich spannend wird es jedoch, wenn die Jockeys mit ihren Vollblutrennern antreten. Und das ist längst nicht mehr nur ein Zeitvertreib für die oberen Zehntausend. Während der Saison pilgern auch immer mehr Familien nach Hoppegarten, um es sich im Biergarten oder auf der Picknickwiese gutgehen zu lassen. Und auf welches Pferd soll man setzen? Den Favoriten oder den Außenseiter? Man muss ja nicht gleich Haus und Hof riskieren, aber ein paar Euro auf Sieg, Platz, Zweier- oder Dreierwette können nicht schaden. Schon mit einem kleinen Wettschein (ab 1 €) in der Tasche steigt die Spannung gewaltig.

ALEX PURRUCKER

BB RADIO Voll die Vielfalt

Nach den aufregenden Pferderennen müssen Sie erst einmal ihre Nerven beruhigen und entspannen? Dafür ist der **Naturlehrpfad** im idyllischen Erpetal perfekt geeignet. Entlang des etwa 3,5 Kilometer langen Rundwegs erfahren Sie an 12 verschiedenen Stationen Wissenswertes über die heimische Tier- und Pflanzenwelt. Kontakt: NABU Hoppegarten, Goetheallee 8, 15366 Hoppegarten; Tel.: 030/51639278; nabu-hoppegarten.de

Galopprennbahn Hoppegarten, Goetheallee 1, 15366 Hoppegarten;
Tel.: 03342/38930; Ticket-Hotline: 01806/9990000;
galopprennbahn-hoppegarten.de

Die Rennsaison dauert von April bis Okt.; Veranstaltungen: siehe Website.

Sattelplatz: Vorverkauf 8–18 € / Tageskasse 12–22 €; Haupttribüne Ziel-Loge: 32–60 €, Haupttribüne Loge: 20–45 €, Haupttribüne Panorama-Lounge: 24–50 €.

39 Im Reich der roten Früchtchen – Karls Erlebnis-Dorf Elstal

Was einst mit einfachen Erdbeerfeldern begann, hat sich zu einer Erlebniswelt für alle Sinne gemausert. Ob's regnet oder schneit, im Karls Erlebnis-Dorf herrscht an 365 Tagen im Jahr Saison. Beim Staunen, Schmecken, Spielen und Shoppen findet jeder sein eigenes Sinn-Erlebnis – und Erdbeeren ohne Ende.

Freizeitparks sind im BB-Land keine Seltenheit, auch Bauernmärkte finden sich einige, doch die Kombination aus beidem, ist eine echte Familien-Freizeit-Attraktion. Es ist diese besondere Mixtur aus Scheunenromantik und „gläsernen" Manufakturen, Vergnügen und Fahrspaß, die Familien mit Kind und Kegel nach Elstal lockt. Hier kann man live erleben wie Bonbons, Schokolade und andere Leckereien zubereitet und hergestellt werden. In einer Manufaktur ist sogar zu sehen, wie sich gewöhnliche regionale Knollen in knackige Kartoffelchips mit hohem Suchtpotential verwandeln. Nebenan dürfen die zahlreichen Trüffel-Knuspereien dann gleich probiert werden. Der absolute Gaumen- und Aromastar ist und bleibt die Erdbeere, denn schließlich nahm Karls Idee mit diesem Früchtchen ihren Anfang. Hier gibt es nichts, was es im Reich der roten Frucht nicht gibt. Ob Gummistiefel oder Christbaumkugel, Taschentuch oder Duftkerze, Saft, Wein, Marmelade und Gelee. Schon einmal eine erdbeerige Nudel oder Bratwurst gekostet? Und dann eine Runde auf einem echten Trecker drehen oder sich die Kartoffelsackrutsche hinabstürzen – hier ist garantiert für jeden etwas dabei.

In der Eiswelt wartet eine spektakuläre Fantasiewelt aus Eis, die Künstler aus der ganzen Welt formten. Für Nervenkitzel sorgt die K2-Achterbahn. Ein Zug aus komplett hölzernen Loren jagt mit seinen Passagieren mit bis zu 60 Sachen durch die atemraubenden Windungen, bevor die Bahn in den „Dark Ride"-Abschnitt stürzt, dessen grandiose Kulisse eigens vom Filmpark Babelsberg gestaltet wurde. Und bei all den Attraktionen bloß nicht Bellos Leckerchen aus der Hundekeksbäckerei vergessen!

Karls Erlebnis-Dorf Elstal, Zur Döbritzer Heide 1, 14641 Wustermark; Tel.: 038202/4050; karls.de/elstal

Juli, Aug. tägl. 8–20 Uhr, Sept.–Juni tägl. 8–19 Uhr, Fahrgeschäfte ab 10 Uhr.

€ frei, kostenpflichtige Attraktionen: Tageskarte 12 €, Jahreskarte 33 €.

40 Die „Urviecher" der Heide – Das Heinz-Sielmann-Projekt

Fürwahr, Wisente sind imponierende Geschöpfe. Mit einer Widerristhöhe von bis zu 1,90 Meter sind sie die größten Landsäuger Europas und bringen bis zu 900 Kilogramm auf die Waage. Und auch wenn sie ausnehmend flott unterwegs sein können, geben sie sich zumeist ziemlich gelassen – echte „Urviecher" halt.

Etwa 90 dieser bisonartigen Hornträger der Urzeit leben, gemeinsam mit Przewalski-Pferden und Rothirschen, frei in der Döberitzer Heide. Dass diese fast ausgestorbenen Tierarten heute wieder dort anzutreffen sind, verdanken sie keinem geringeren als Heinz Sielmann. Der Dokumentarfilmer, dessen „Expeditionen ins Tierreich" die Fernsehzuschauer über Jahrzehnte fesselten, erkannte in den 1990er-Jahren, welch ein außergewöhnlich schöner und wertvoller Naturschatz sich dort vor den Toren Berlins erhalten hat. Die eigens gegründete Sielmann-Stiftung sorgt seither dafür, dass die Heidelandschaft des früheren Truppenübungsplatzes geschützt und zum Kernstück eines einmaligen Wildnisgroßprojektes wurde. Wo einst preußische Truppen und die Rote Armee ihre Feldzüge probten, herrscht heute eine landschaftliche Vielfalt, in der sich neben den imposanten Wisenten etwa 5.500 Tier- und Pflanzenarten wohlfühlen. Rund um die Kernzone, die einzig den Tieren vorbehalten ist, wurden etwa 55 Kilometer Wanderwege mit zahlreichen Rast- und Picknickplätzen sowie dem aussichtsreichen Besucherturm am Finkenberg angelegt. Je nach Kondition kann man die Pfade von kurzen Runden (ab 1 Std.) bis hin zu ausgedehnten Tagestouren kombinieren. Natürlich bietet das Projektteam auch eine breite Palette an Exkursionen und Führungen an, bei denen Interessierte nicht nur den urzeitlichen Riesen, sondern auch den kleineren, aber nicht weniger bedrohten Bewohnern der Döberitzer Heide begegnen können.

ⓘ Büroanschrift Projektteam, Unter den Kiefern 9, 14641 Wustermark OT Elstal; Tel.: 033234/24890, 0157/86740621; sielmann-stiftung.de; Sielmanns Naturlandschaft Döberitzer Heide, Zur Döberitzer Heide 10, 14641 Wustermark OT Elstal.

41 Dynamisch stabil unterwegs – Segway Erlebnistour Brandenburg

Zwei Räder, dazwischen ein Brett mit einer Haltestange … Das Gerät, das eher an eine artistische Zirkusnummer erinnert, trotzt allen physikalischen Gesetzen, steht wie eine Eins und kippt einfach nicht um. Dank modernster Technik bietet der selbstbalancierende Segway ein einmaliges Fahrerlebnis.

Nach kurzer Einweisung durch erfahrende Guides ist auch der letzte Skeptiker von der „dynamischen Stabilisierung“ überzeugt, die das Trittbrett wie von Geisterhand in der Waagerechten hält. Verblüffung macht sich breit, wenn selbst Unsportliche erleben, wie einfach sich der Segway nur mittels Gewichtsverlagerung fahren und lenken lässt. Bereits nach wenigen Übungsrunden haben die meisten den Bogen raus und lassen sich von dem selbstständig ausbalancierten Spaßmobil über Weg und Steg tragen. Es ist ein wenig wie Schweben, funktioniert ohne große Anstrengung und ist zudem umweltfreundlich. Müheloser lässt sich auch die Havelregion kaum erkunden. Einmal durch die Innenstadt von Brandenburg an der Havel cruisen, entlang der Kanäle und der Havel bis hinauf auf den Marienberg oder nahezu schwerelos durch die umliegenden Wälder zum Ausflugsrestaurant „Neue Mühle“ am Flüsschen Bukau rollen. Oder wie wäre es mit einer Tour zur Privatbrauerei „Kneipe Pur“, die mit selbst gebrautem Bier und deftigem Essen lockt? Im Ortsteil Gollwitz gleiten die Gefährte über den Havelradweg bis hinauf zum Aussichtsturm auf den Götzer Bergen. Die beliebteste und meistgebuchte Tour, bei der das Fahren im Vordergrund steht, führt rund um den Beetzsee. Etwa drei Stunden lang geht es mit dem trendigen Elektromobil über Rad- und Feldwege, Wiesen und kleine Straßen. Man rauscht nahezu lautlos durch die tolle Landschaft. Hier ein kurzer Fotostopp vor traumhafter Kulisse, dort ein kleiner Halt in einem der gemütlichen Biergärten oder eine Stippvisite im Domstiftsgut Mötzow. Egal, wohin es geht, auf dem Segway lernt man die Havelregion von einer ganz neuen Seite kennen. Außerdem macht Schweben einfach glücklich.

Segway Tours Brandenburg, Plauer Straße 1, 14770 Brandenburg an der Havel; Tel.: 0177/2328463; erlebnistour-brandenburg.de

tägl. mehrere verschiedene Touren, siehe Website.

ca. 1 Std. 27 €, 2 Std. 54 €, 3 Std. 69 €, 4 Std. 84 €.

42 Mississippi erleben – Floßfahrten im BB-Land

Es ist tatsächlich ein wenig so wie in den Lausbubengeschichten von Mark Twain. Zugegeben, weder Havel noch Spree können es mit dem gigantischen Mississippi aufnehmen, an dessen Ufern die berühmten Abenteuer von Tom Sawyer und Huckleberry Finn spielen, aber ein bisschen Mississippi-Feeling erleben, das ist absolut möglich!

Im BB-Land haben es sich die Leute von Huckleberry-Tours zur Aufgabe gemacht, ein solches Mississippi-Erlebnis zu offerieren. An gleich fünf verschiedenen Standorten gibt es die Möglichkeit, kleine Flöße zu mieten, um wie einst Tom und Huck auf große Fahrt zu gehen. Bis zu acht Personen dürfen auf den hölzernen Gefährten über Havel oder Spree schippern, die damit Platz genug für einen spannenden Ausflug mit Kumpel, Kind und Kegel bieten. An Bord befindet sich von Anker bis Paddel bereits alles, was auf dem Wasser benötigt wird. Zudem sind die Flöße mit einem kleinen, führerscheinfreien Motor ausgestattet, ein Aufbau schützt vor Wind und Wetter, während Sonnenhungrige es sich auf der Plattform oder dem Dach bequem machen können. Wer allerdings das wirkliche Abenteuer erleben und gleich mehrere Tage auf Brandenburgs Flüssen unterwegs sein möchte, der lässt sein Floß mit Campingausrüstung sowie einer Trockentoilette ausstatten. Schlafsäcke und Isomatten sollte jeder selbst mitbringen, sie können allerdings auch bereitgestellt werden. Für die Übernachtung in dem schwimmenden Mini-Ferienhaus wird dann eine Liegefläche ausgeklappt, auf der erfahrungsgemäß drei Erwachsene oder eine vierköpfige Familie genügend Platz zum Schlafen finden. Was braucht man mehr? Tagsüber den Fluss genießen, chillend in den Sonnuntergang treiben, um sich schließlich auf der eigenen Insel mitten in der freien Natur in den Schlaf wiegen zu lassen – mehr Abenteuer und Romantik geht kaum. Es ist nicht der „Old Man River", aber mit aufgekrempelten Hosen, baumelnden Beinen und dem obligatorischen Strohhut lässt sich Brandenburg prima erkunden, echtes Mississippi-Feeling inklusive!

Floßstationen im BB-Land: Werder (Havel), Hauptstraße 40, 14542 Werder OT Phöben; Beeskow, Spreeinsel 7, 15848 Beeskow; Potsdam, Schiffbauergasse 9, 14467 Potsdam; Neustrelitz, Zierker Nebenstraße 19, 17235 Neustrelitz; huckleberry-tours.de

Solange die Flüsse eisfrei sind; Hauptsaison: Ostern bis Oktober.

€ siehe Website.

43 Gut gebrauter Hochgenuss – Gasthausbrauerei Meierei

Wenn die Potsdamer für gutes Bier eine Melkerei besuchen, dann ist das kein brandenburgisches Versehen, sondern der Beweis dafür, dass sich uralte Industriebrachen wunderbar neu beleben lassen. Wo einst die Kühe des Königs Milch gaben, lädt heute eine Gasthausbrauerei zum genussvollen Rasten ein.

Sich mit dem Wassertaxi zu den Sehenswürdigkeiten gondeln zu lassen, ist wohl die vergnüglichste Möglichkeit, Potsdam kennenzulernen. An der Glienicker Brücke schwenkt das Schiff auf den Jungfernsee, der sich glitzernd und von Wald umrahmt ausbreitet. Von hier aus fällt ein gewaltiges Gebäude auf, das sich an der nördlichsten Spitze des Neuen Gartens erstreckt, mit hohen, hellen Sandsteinmauern, die oberen Ränder mit Zinnen bewehrt und einer normannischen Festung nicht unähnlich. Einzig der aufragende Schornstein bezeugt, dass man sich nicht nach Schottland verirrt hat. Auf der weitläufigen Terrasse sind Schirme zu erkennen, unter denen sich zahllose Gäste kühle Getränke und deftige Mahlzeiten schmecken lassen und den fantastischen Ausblick auf See und Königswald genießen. Kaum ist die Dampferanlegestelle „Cecilienhof" erreicht, strebt die schippernde Ausflugsschar ebenfalls dem Biergarten zu, in dem Bierspezialitäten von exzellenter Qualität auf durstige Kehlen warten. Die hier gebrauten Köstlichkeiten kann man auch in Flaschen mit nach Hause nehmen.

Drinnen wie draußen lässt sich in gemütlicher Atmosphäre darüber sinnieren, dass all das hier vor über 200 Jahren entstand. Zu Zeiten von Friedrich Wilhelm I. standen hier die Milchkühe zur Versorgung der königlichen Hofküche. Später erfolgten Erweiterungen und schon bald mauserte sich die Meierei zu einem der beliebtesten Ausflugslokale der Gegend. Doch erst viele Jahrzehnte nach Krieg und Brand entdeckte man das Potential der Ruine für gastliche Entspannung und geselligen Genuss wieder.

Gasthausbrauerei Meierei, Im Neuen Garten 10, 14469 Potsdam;
Tel.: 0331/7043211; meierei-potsdam.de

Di–Fr 12–22 Uhr, Sa, So 11–22 Uhr.

1-Liter-Flasche Meierei-Hell 6,60 €, 1-Liter-Flasche Meierei-Spezial 7,50 €.

44 Hartelijk welkom – Holländisches Viertel in Potsdam

Backsteinhäuser mit weißen Fugen und geschwungenen Giebeln, im Frühling werden die Tulpen gefeiert und man tanzt in Holzschuhen, während im Advent der Sinterklaas durch die nach Kniepertjes und Poffertjes, Hering und Genever duftenden Straßen reitet. Willkommen im vielleicht schönsten Stadtteil von Potsdam.

JENS HERRMANN

Bei Ihrem Besuch in Potsdam führt an **Schloss Sanssouci** kein Weg vorbei. Ein echter Weltstar unter Brandenburgs Sehenswürdigkeiten! Im Stil des Rokoko erbaut, zieht es mit seinen malerischen Weinbergterrassen und den original eingerichteten Prunkräumen jedes Jahr Hunderttausende Besucher in seinen Bann. Kontakt: Schloss Sanssouci, Maulbeerallee, 14469 Potsdam; Tel.: 0331/969222; spsg.de

Es scheint, als wäre man in den Niederlanden gelandet, man befindet sich jedoch im Holländischen Viertel. Die Idee dazu hatte Preußenkönig Friedrich Wilhelm I. Zu seiner Zeit lag Holland in Sachen Baukunst und Hofkultur, Künste und Wasserbau europaweit ganz vorne, weshalb der König gerne einige „Gastarbeiter" angeworben hätte. Allerdings zog kein Holländer freiwillig in das vergleichsweise arme und menschenleere Gebiet östlich der Elbe. Als Lockmittel bot der König günstige Steuern und Rechte und ließ bis 1742 vier Karees mit 134 zweistöckigen Häusern im holländischen Stil errichten, damit sich die Einwanderer wie zu Hause fühlen konnten. Zwar fand das Angebot wenig Anklang, doch das Viertel blieb bestehen. Nach umfassender Sanierung zählt es heute zu den attraktivsten Wohnquartieren der Landeshauptstadt und versprüht ein ganz besonderes Flair. Schlendern Sie durch die Straßen und entdecken Sie kleine Hinterhofkneipen und exklusive Galerien oder lassen sich von den Auslagen der Kunsthandwerker oder Antiquitätenhändler verführen, die sich in direkter Nachbarschaft von gemütlichen Cafés und einladenden Restaurants befinden. Wer mehr über das Werden des Viertels und die holländische Wohnkultur erfahren möchte, dem sei das Jan-Bouman-Haus ans Herz gelegt.

Aktionsgemeinschaft Holländisches Viertel, Friedrich-Ebert-Straße 88, 14467 Potsdam; Tel.: 0331/28792313; hollaendisches-viertel.com; Jan Bouman Haus, Mittelstraße 8, 14467 Potsdam; Tel.: 0331/2803773; jan-bouman-haus.de

Museum: Mo–Fr 13–18 Uhr, Sa, So und Feiertage 11–18 Uhr; Führungen durch Haus und/oder Viertel unter Tel.: 0151/70174908.

3 €, erm. 2 €, Kinder bis 12 Jahre frei.

Folgende Veranstaltungen sind absolut empfehlenswert: Tulpenfest im April, Töpfermarkt im September, Sinterklaasfest im Advent.

45 Monstereis und Zwergenparty – AbenteuerPark Potsdam

Rote Wangen und strahlende Augen hinter einem knallbunten Monster-Slush-Eis – man sieht ihnen an, wie stolz sie sind. 2,5 Stunden ist die kleine Kindertruppe mit ihrem Ranger durch die Parcours geklettert und hat sich den Herausforderungen gestellt. Das monstermäßige Eis ist mehr als verdient.

Der AbenteuerPark Potsdam gilt als einer der größten und abwechslungsreichsten Kletterwälder Deutschlands. Hier kann man auf über 170 Kletterelementen, verteilt auf zwölf Parcours, bis in zwölf Meter Höhe gelangen. Auf 1,7 Kilometern bieten sich zahlreiche Möglichkeiten, seine individuellen Grenzen auszuloten. Viele Hindernisse sorgen für einmaligen Kletterspaß. Richtiges Indianer-Jones-Feeling kommt bei der Riesenseilrutsche auf, bei der man 200 Meter durch die Luft zu einem Baum saust, wo man weich in einem Netz landet. Neben dem Klettervergnügen und diversen Team-Events gibt es ein breit gefächertes Programm für Kinder. Einmal im Monat können sich Eltern im Biergarten zurücklehnen und ihre Sprösslinge mit erfahrenen Rangern auf Abenteuertour schicken. Sehr beliebt sind auch die Geburtstagsspecials. Das Angebot reicht von der Zwergenparty mit vielen Spieleklassikern bis zu Klettertouren, an deren Ende immer ein toller Geburtstagstisch mit leckerem Menü wartet. Auch ohne Klettern wird es spannend, etwa auf einer packenden Piratenschatzsuche oder bei der GPS-Adventuretour, bei der es allein auf Teamgeist und Orientierungssinn ankommt.

MAIKI

Etwas entspannter, aber nicht weniger spannend geht es nur wenige Kilometer entfernt auf der anderen Seite der Havel zu: Im **Urania-Planetarium** wartet eine spannende Reise ins All auf Sie. Lassen Sie sich in die unendlichen Weiten des Kosmos entführen und begeben Sie sich auf Erkundungstour durch unser Sonnensystem. Neben spannenden Bildungsprogrammen finden regelmäßig auch Musik-Shows, Konzerte und Lesungen statt. Kontakt: Urania-Planetarium Pots-dam, Gutenbergstr. 71, 14467 Potsdam; Tel.: 0331/2702721; urania-planetarium.de

ⓘ AbenteuerPark Potsdam – Tree Event GmbH, Albert-Einstein-Str. 49, 14473 Potsdam; Tel.: 0331/6264783; abenteuerpark.de

Ende März–Ende Mai Mi–So 10–19 Uhr, Ende Mai–Anfang Aug. tägl. 10–19 Uhr, Anfang Aug.–Ende Sept. Mi–So 10–19 Uhr, Ende Sept.–Ende Okt. Mi–So 10–18 Uhr, Ende Okt.–Anfang Nov. Mi–So 10–16 Uhr; an Feiertagen und in den Schulferien in Berlin/Brandenburg täglich geöffnet.

€ 24 €, erm. 21 €, Kinder unter 12 Jahren ab 140 cm 18 €, bis 140 cm 15 €; betreutes Kinderklettern: einmal im Monat, Mindestkörpergröße von 120 cm bis maximal 11 Jahre, ab 6 Kindern bitte vorher buchen, 29 €.

46 Film ab in Potsdam und Teltow – Open-Air-Kino im Sommer

Sommerzeit ist Draußenzeit, und wer will schon die lauen Abende in klimatisierten Kinosälen verbringen? Wer trotzdem Lust auf große Gefühle und kleine Fluchten, auf bombastische Effektgewitter oder leise Töne hat, für den sind die vielfältigen Open-Air-Filmvorführungen die erste Wahl des Abends.

Diese finden zum Beispiel im größten freien Kulturzentrum Brandenburgs, dem Waschhaus in Potsdam, statt. Die alten Gemäuer der ehemaligen Garnisons-Waschanstalt sorgen schon bei Konzerten, Lesungen und Partys für gute Stimmung. Und sobald die Sonne untergegangen ist, bieten die illuminierten Backsteingebäude einen tollen Rahmen für Lichtspielerlebnisse unter freiem Himmel. Sich lässig auf Sitzinseln, Decken oder Liegestühlen fläzen, coole Drinks, feines Eis oder leckere Snacks vom Grill bestellen und dazu die beliebtesten Filme der vergangenen Monate genießen, das ist vor allem eins: ganz großes Kino.

Und Kino unterm Sternenhimmel hat Konjunktur. Dabei sind es nicht unbedingt die riesigsten Leinwände, der gewaltigste Sound und die pompösesten Locations, die die Freiluft-Cineasten bevorzugen. Viele Fans schätzen gerade auch die kleineren, nicht bis ins Detail organisierten Darbietungen, bei denen nicht nur die aktuellen Blockbuster zum Zuge kommen. Als besonderer Tipp für das sommerliche Kinovergnügen gilt der „Interkommunale Kinosommer“, den die Kommunen Teltow, Kleinmachnow und Stahnsdorf (TKS) seit 2012 auf die Beine stellen. An sechs Abenden flimmert auf dem Marktplatz Teltow, im Innenhof des Rathauses Kleinmachnow oder auf einer Wiese am Gemeindezentrum Stahnsdorf ein bunter Mix aus Komödie, Drama, Roadmovie und Musicalverfilmung über die Leinwand. Die Auswahl der Streifen erfolgt per Online-Voting oder auch nach persönlicher „Bürgermeisterwahl“, sodass auch längst vergessene Klassiker zur Aufführung kommen. Stühle sind vorhanden, für Decken, Kissen und Knabberzeug darf jeder selbst sorgen, der Eintritt ist frei. Herrlich unkompliziert und irgendwie filmreif.

ⓘ Sommer Open Air Kino im Waschhaus: Waschhaus Potsdam gGmbH, Schiffbauergasse 6, 14467 Potsdam; Tel.: 0331/271560; waschhaus.de; Open-Air-Kinosommer TKS: Stadtmarketing Teltow, Marktplatz 1–3, 14513 Teltow; Tel.: 03328/4781253; teltow.de/aktuelles, tkszeit.de/kultur

🕓 siehe Website.

€ Waschhaus: 8 €, erm. 7 €; Stahnsdorf und Teltow: Eintritt frei.

47 Hinter den Kulissen – Filmpark Babelsberg

Die Spannung in der Vulkan-Arena ist spürbar. „Und … Action!“ Aufheulende Motoren, eine wilde Verfolgungsjagd, gewaltige Explosionen. Da fliegt ein Mensch durch die Flammen, dort ein dramatischer Zweikampf. Täglich zeigt die Stuntcrew Babelsberg, wie die Action auf die Leinwand kommt.

Auch die neue Westernshow „Tierisch verdreht“, bei der Stuntmen, Pyrotechniker und Filmtiertrainer ihr ganzes Können präsentieren, ist actiongeladen und nur ein Programmpunkt, den man beim Besuch des Filmparks gesehen haben muss. Seit mehr als 100 Jahren wird im Studio Babelsberg Filmgeschichte geschrieben, der man in diesem einmaligen Themenpark ganz nahe kommen kann. Ob mit oder ohne Führungen – hier wird ein authentischer Blick in die magische Welt von Film und Fernsehen gewährt. Einmal durch das originale Außenset der Dauerserie „Gute Zeiten, schlechte Zeiten“ schlendern (vielleicht wird ja gerade gedreht?) oder in „Lummerland“ bei Jim Knopf vorbeischauen. Da der Kiosk aus „Sonnenallee“, dort Kulissenreste aus dem Drama „Der Baader Meinhof Komplex“ und das Militärcamp aus dem Hollywood-Film „The Monuments Men“. Und ist das nicht der bunte „Löwenzahn“-Bauwagen? Richtig, genau hier hat Peter Lustig den Kindern die Welt erklärt.

Im „Atelier der Traumwerker“ zeigen Kunstmaler, Masken- und Kostümbildner wie perfekte Illusionen entstehen und bei der Mitmach-Show im „Fernsehstudio 1“ darf man sich sogar selbst einmal ins Rampenlicht stellen. Auf die kleinen Besucher wartet der Dschungelspielplatz, das Sandmannhaus, die Gärten des „Kleinen Muck“ und das Hexenhaus aus „Hänsel und Gretel“. Und wer wollte nicht schon mal mit einem Boot durch Janoschs Traumland Panama fahren? Selbst der Restaurantbesuch wird in mittelalterlicher Atmosphäre zum Erlebnis. Und alle 15 Minuten heißt es wieder „Action“! Dann geht es im „Dome of Babelsberg“ mit einem Laservisier bewaffnet durch schaurige Computerwelten oder man jagt im 4D-Kino gefühlsecht durch atemberaubende Canyons. Filmreif und ein echter Nervenkitzel!

Filmpark Babelsberg, Besuchereingang: Großbeerenstraße 200, 14482 Potsdam, Info-Hotline: 0331/7212750, filmpark-babelsberg.de; Ticket-Bestellung: Tel.: 0331/7212345 (Mo–So 8–22 Uhr).

Saison: Ostern bis Halloween, Öffnungszeiten und Schließtage: siehe Website.

22 €, Kinder (0–3 Jahre) frei, (4–16 Jahre) 15 €, Menschen mit Handicap 15 €, Schüler und Studenten, 60plus 18 €. Familienkarte (2 Erw. und 3 Kinder) 65 €, sonntags 49 €, Schnupperkarte (3. Std. vor Schließung) 15 €, Saisonkarte 39 €, Familie 99 €; Audio Guide 5 €.

Die Tagestickets gelten nicht zu Sonderveranstaltungen (z.B. Horrornächte, Events im Restaurant „Prinz Eisenherz" oder der Metropolis Halle).

48 Die Indianer der Potsdamer Prärie – Feriencamp im Waldhaus Potsdam

Ein Stundenplan wie in der Indianer-Schule: Pflanzen erkennen, Tiere beobachten und ihre Spuren lesen, sich ohne Handy orientieren, nachts den Wald erkunden und Laubhütten bauen, dazu Lagerfeuer, Stockbrot und einen Greifvogel auf der Hand. Dieses Camp verspricht ein Ferienerlebnis der besonderen Art.

Kinder die gerne im Freien unterwegs sind und auch ohne Computer leben können, sind im Waldhaus auf dem Großen Ravensberg bei Potsdam genau richtig. Fernab vom Stadtlärm werden hier abenteuerliche Feriencamps organisiert. Übernachtet wird in kleinen Holzhäusern oder unterm Sternenzelt, wo einem Waschbären, Eichhörnchen oder die frei laufenden Pfaue gute Nacht sagen. Und tagsüber, zwischen Basteln, Spielen und Baden im Natursee, zeigen echte Profis wie man sich in der Wildnis zurechtfindet. Aber nicht nur Kinder und Jugendliche können im Waldhaus vieles über den Wald mit seinen Tieren und Pflanzen erfahren, auch für Studenten, Lehrer und Naturinteressierte gibt es hier viele Möglichkeiten und Angebote, sich über das Verhältnis von Mensch und Natur sowie Wald, Forstwirtschaft und Gesellschaft zu informieren. Ein Highlight für alle ist immer der Falkenhof. Hier bekommt man einen Einblick in die Lebensweise der einheimischen Greifvögel, darf sie bei der Fütterung beobachten und bei einer Flugschau in Aktion erleben. Außerdem erfährt man, wie die Falknerei zur Jagd genutzt wird, und man darf sogar einen der fliegenden Jäger auf der Hand tragen – ein wirklich bemerkenswertes Erlebnis.

Einmal im Jahr finden im Waldhaus in der Tat Indianertage statt. Dann sitzen die geschminkten „Rothäute" am Lagerfeuer und lauschen den spannenden Mythen der Indianer. Sie schmücken sich mit selbst gebasteltem Kopf- und Halsschmuck nach echten Vorbildern und bauen Speere, um zusammen auf Büffeljagd zu gehen. Schließlich wird es Zeit, den gemeinschaftlichen Indianertanz zu tanzen – dann geht es rund in der Potsdamer Prärie.

Waldhaus Potsdam, Ravensberggestell 2, 14478 Potsdam; Tel.: 0331/2707687; 0179/6969455; waldhaus-potsdam.de

Waldhaus: Apr.–Okt. So und Feiertage 10–17 Uhr, weitere Veranstaltungen: siehe Website; Falkenhof: Apr.–Okt. Sa, So, Feiertage 10–16.30 Uhr, Flugschau 14.30 Uhr; Nov.–März (keine Flugschau) Sa, So, Feiertage 10–16.30 Uhr, weitere Veranstaltungen nach Absprache.

€ Waldhaus: 2 €, Kinder 1,50 €; Feriencamp (pro Kind): 6 Tage 290 €, 12 Tage 580 €, Rabatt für Wiederkehrer; Falkenhof: mit Flugschau: 7 €, Kinder 5 €, ohne Flugschau: 3 €, Kinder 2,50 €, Familienjahreskarte 78 €.

49 Kurzurlaub im Wunschklima – Kristall-Wohlfühltherme

Was darf es bitte sein: sanfte Kräuter oder erfrischende Zitrone, Mocca-Brasil oder Vitamin-Honig? Oder gar der „Alte Fritz", ein Spezial-Brutal-Aufguss für echte Saunaprofis? Das vielfältige Schwitzangebot der Saunatherme Ludwigsfelde macht deutlich, dass auch Entspannen durchaus gelernt sein will.

Einfach mal den Kopf frei machen, tief durchatmen und Stress und Hektik weit hinter sich lassen – und noch dazu etwas für die Gesundheit tun. Nicht nur in der trüben Jahreszeit bietet sich ein solcher Kurzurlaub in der Kristall-Therme Ludwigsfelde an, die eindeutig zu den beliebtesten Wellness-Tempeln der Region zählt. Es ist eine Oase der Ruhe. Wohlig warme Thermalbecken mit Poolbar, echten Palmen, Bananen- und Zitronenbäumen lassen rasch Urlaubsgefühle aufkommen, während edle Kristalllüster und feinster Marmor textilfreies Baden und Saunieren auf höchstem Niveau versprechen. Insgesamt stehen 13 finnische Saunen sowie Dampfbäder und ein osmanischer Hamam zur Verfügung. Hier findet jeder sein Wunschklima. Zudem werden täglich 23 Spezial-Aufgüsse angeboten, jeden Samstag sogar mit besonderen Showeinlagen. Wie wäre es mit der entspannenden Klangschalen-Meditation, einer ordentlichen Schlammpackung oder einer Wärmebehandlung in der Infrarotkabine? Oder doch lieber einen erfrischenden Kick in der Eisnebelgrotte erleben, bevor es zum Flanieren oder Nichtstun ins Saunadorf geht? Oder hinein in eines der beiden Thermalsolebecken im Innenbereich und sich durch den sprudeligen Strömungskanal ins Außenbecken tragen lassen? Das ist besonders in Vollmondnächten ein Erlebnis, wenn die warmen Fluten nur von Mondschein und Kerzenschimmer beleuchtet werden. Viel romantischer geht es kaum! Neuestes Wohltat-Highlight ist ein 12%-Natur-Heil-Soleaußenbecken. Hier können die Gäste in 36 °C warmer Natursole ausspannen und sich fast schwerelos treiben lassen.

Kristall Wohlfühltherme Ludwigsfelde, Fichtestraße, 14974 Ludwigsfelde; Tel.: 03378/51879-0; kristall-saunatherme-ludwigsfelde.de

Ganzjährig, außer am 24.12., So–Do 9–22 Uhr, Fr, Sa 9–23 Uhr, Silvester 9–18 Uhr, Neujahr 10–22 Uhr, Vollmond 9–24 Uhr.

Tageskarte: 34,50 €, Kinder (6–15 Jahre) 20,60 €, Mittwochtarif: 29,50 €, Kinder (6–15 Jahre) 15,50 €.

Handtücher und Bademäntel können ausgeliehen werden.

50 Lifestyle von anno dunnemals – Kräuterwanderung Groß Kienitz

Sie pimpen Smoothies, Sterneköche haben sie längst auf dem Speiseplan und auch in den Hausapotheken halten sie zunehmend Einzug. Seit die bewusste und gesunde Ernährung Teil des hippen Lifestyles wurde, haben natürliche Wildkräuter Konjunktur. Auf einer Kräuterwanderung lernt man, sie zu finden, zu bestimmen und zu verwenden.

Was dort am Wegesrand, auf der Wiese oder im Wald wächst, schlägt in Sachen Frische und Regionalität jeden Supermarkt um Längen. Wildkräuter strotzen vor lebenswichtigen Vitaminen und Mineralstoffen, kommen ohne Pflanzenschutzmittel und Verpackungsmüll aus und sind zudem kostenlos. Die Suche nach den feinen Leckerbissen macht außerdem jede Menge Spaß – frische Luft und Bewegung in der Natur on top. Allerdings ist es mit der Pflanzenkenntnis jenseits von Brennnessel und Giersch zumeist nicht weit her. Welche Kräuter und Gräser wachsen eigentlich wild vor der eigenen Haustür, wo gedeihen sie am besten und welche Teile kann man überhaupt nutzen? Und vor allem, wie werden sie zubereitet? Vielleicht als Tee oder lieber als würzige Salatzugabe? Wie helfen Malvenblütenblätter bei Heuschnupfen und was macht man mit Königskerzen, Gänseblümchen und Spitzwegerich, um die Erkältung abzuwenden? Um diese und tausend andere Fragen zu beantworten, werden in der Region Dahmeland-Fläming die unterschiedlichsten Kräuterwanderungen und -seminare angeboten. Unter der Anleitung einer Kräuterpädagogin erfährt man viel von dem alten Wissen unserer Urgroßeltern, das in den vergangenen Jahren verloren ging und jetzt wieder neu entdeckt wird. Besser als aus jedem Bestimmungsbuch und Internetportal lernen die Teilnehmer, wie sie ihren Speiseplan oder die Hausapotheke sinnvoll aus dem Heilgarten der Natur bereichern können. Oder wie wäre es mit einem Workshop über das Räuchern mit heimischen Kräutern, einem Seminar über Wurzeln und Beeren? Und wer vom Sehen, Riechen und Schmecken nicht genug bekommt, der kann sich sogar zur Kräuterfachfrau bzw. zum Kräuterfachmann ausbilden lassen.

ⓘ Wildkräuterführungen mit Elke Petersdorf, Zum Sandberg 8, 15827 Blankenfelde-Mahlow OT Dahlewitz; wildkraeuterfuehrung.de

🕓 Termine auf Anfrage.

€ Kräuterwanderungen (ca. 2 Std.): 15,50 € p. P., Räucherworkshop: 25 € p. P., Seminar „Unsere kleine Naturapotheke“: 95 € p. P.

51 Brandenburg Ahoi – Bungalow-Boote in Zernsdorf

Wie genial ist das denn? Man schaukelt locker in der Hängematte, eine Feuerschale sorgt für Lagerfeuerromantik und unter einem gluckst und schwappt das Wasser. Klar, ein Haus am See ist schon chic, aber ein Haus auf dem See – inklusive wechselnder Aussicht – ist ja wohl wirklich genial.

Im Herzen des wald- und wasserreichen Landes Brandenburg liegt Zernsdorf gleich an drei Seen und bietet eine unsagbar entspannende Möglichkeit, die Region im, am und auf dem Wasser zu erkunden. Am Ufer liegt eine kleine Flotte Hausboote vor Anker, mit denen man sich den Traum vom Urlaub auf dem Wasser ganz leicht erfüllen kann. Hat man den Charterschein in der Tasche (in etwa drei Stunden erlernt man die wichtigsten Dinge für den Umgang mit dem Boot), schon kann man mit dem mobilen Ferienhaus in See stechen. Zugegeben, neben den eleganten Yachten, schnittigen Sportbooten und was hier sonst noch herumschippert, wirken die Bungalow-Boote behäbig, aber dafür ist man dem nassen Element sehr viel näher als auf normalen Booten und man kann seine Füße wahrhaftig im Wasser baumeln lassen. Die durchschnittliche Reisegeschwindigkeit der knallbunten Wohnkisten liegt nur bei gemütlichen 5 bis 6 km/h, Zeitnot sollte man hier nicht haben. Aber wer solch einen Törn unternimmt und Termindruck hat, ist selbst schuld. Mit einer Länge von etwa zehn Metern sind die „BunBos“ zwar ganz schöne Brocken, lassen sich jedoch erstaunlich leicht manövrieren. Wer vergessen hat, wie das mit der Schleuse und so funktioniert – ein Tablet-Computer an Bord frischt das Gelernte schnell wieder auf. Auch sonst sind die „BunBos“ je nach Größe (für bis zu sechs Personen) voll ausgestattet mit Schlaf- und Badezimmern, Tisch und Stühlen, Miniküche, Couch, Kaminofen und natürlich der Holzterrasse mit Hängematte und Grill-Feuerschale. Es ist Platz genug, dass auch Fahrräder, Bello und Mieze mit von der Partie sein dürfen. Also ab aufs Bungalow-Boot und nur noch Schwäne zählen, den Nachbarn winken, auf den Sonnenuntergang warten und Sterne gucken.

Aquare Charter GmbH, Undinestraße 1, 15712 Königs Wusterhausen/Zernsdorf, Tel.: 03381/890460; BunBo.de; Weitere Standorte in der Region: Brandenburg/Plaue, Lychen, Lindow, Havelberg.

Saison: März–Anfang Nov.

Preise variieren je nach Bootsgröße, Standort und Saison (7 Tage ca. 630–1.395 €), zusätzliche Kosten: Beiboot, Brennholz, Benzin.

Ein Teil der Flotte ist barrierefrei.

52 Monster zähmen leicht gemacht – Panzer-Fun-Fahrschule in Steinhöfel

Ihr Auftritt ist stets martialisch. Sie geben sich grimmig, kommen stahlhart daher und wiegen locker einige Zehntausend Kilogramm, die sie bodenerschütternd mit mächtigem Röhren und stinkenden Qualmwolken vorantreiben. Es sind wahre Monster, die es zu zähmen gilt.

Täglich sind es bis zu hundert Leute, die sich aus ganz Deutschland, sogar aus Frankreich, der Schweiz oder den USA in der brandenburgischen Abgeschiedenheit einfinden, um sich einen Traum zu erfüllen. Sie alle wollen nur eines: Panzer fahren, und zwar selbst fahren. Einmal einen solchen tonnenschweren Stahlkoloss über Sandhügel und durch riesige Schlammpfützen lenken. Auf einem etwa 8,5 Hektar großen Gelände zwischen Tannenwäldern und weiten Feldern finden sie auf dem größten Panzer-Parcours in Europa alles, was ihr Herz begehrt. Was darf es sein? Eine Speedfahrt mit dem 300 PS starken BMP-Schützenpanzer oder lieber die 34 Tonnen eines russischen T55-Bergepanzers durch die Schikanen manövrieren? Eines ist jedoch bei allen Varianten gleich: Es geht tierisch laut zu, es ist entsetzlich eng, wenig komfortabel und politisch herrlich unkorrekt. Es ist einfach ein Mordsspaß, zu dem sich auch Wehrdienstverweigerer und Krankenschwestern hinreißen lassen. Und von wegen „Männerspielplatz", fast die Hälfte der Panzerfahrschüler sind Frauen, die häufig sogar ein besseres Händchen für die stählernen Kettenmonster beweisen. Oder wie wäre es mit dem Topmodel auf Ketten, einem Kampfpanzer Leopard 1A5. Wenn der seine über 800 PS startet ... einfach nur brachial. Ein echt scharfes Gerät, obwohl es wie alle anderen Fahrzeuge demilitarisiert wurde. Und wem das einfache Panzerfahren zu lasch erscheint, der darf sich gerne für das „Car-Crashing" anmelden, um höchstpersönlich einen Pkw oder Wohnwagen plattzumachen. Die „Abwrackprämie" wird gesondert in Rechnung gestellt. Obwohl es überall rumpelt, knarzt und knirscht, und trotz klirrender Ketten, dröhnender Motoren, Staub und Schlamm – überall glückliche Gesichter.

Panzer-Fun-Schule Heyse, 15518 Steinhöfel OT Schönfelde; Tel.: 033637/383289 und 0160/96661697; panzerkutscher.de

Mo, Mi und Fr 9–17 Uhr, Sa auf Anfrage.

Selbstfahrer: 160 €, Mitfahrer: 10 €, Speedfahrt BMP: 60 €, Car-Crashing: 420 €.

53 Abfahrt mit dem Alpine Coaster – Sommerrodelbahn Scharmützelbob

Der Scharmützelsee im Herzen Brandenburgs lockt alljährlich zahlreiche Besucher, die in seiner Nähe Erholung vom Alltag suchen – und Spaß und Action und Nervenkitzel. Die Ganzjahresrodelbahn „Scharmützelbob" mit der zugehörigen „Duellarena" bietet viele Herausforderungen, die den Puls in die Höhe treiben.

Der ultimative Rodelspaß für Jung und Alt findet fern von alpinen Höhenzügen im Petersdorfer Wald bei Bad Saarow statt. Das Herzklopfen beginnt, sobald man in einem Bob des „Alpine Coaster" Platz genommen hat. Per Lift wird das Rodelgefährt in luftige Höhen befördert, um von dort mit bis zu 40 km/h ins Tal zu rauschen. Es ist kinderleicht. Diverse Kurven, Wellen und Sprünge machen die Fahrt zu einem unvergesslichen Erlebnis. Ein 35 Meter langer Kreisel ist dabei für die meisten Fahrer der Höhepunkt. Kinder ab 1,45 Meter Körpergröße und Erwachsene dürfen den Spaß alleine oder zu zweit genießen, während die ganz Kleinen erst ab drei Jahren mitfahren dürfen. Ganze vier Minuten braucht der Bob für die 1.000 Meter lange Fahrt. Und schon geht es ein zweites Mal bergauf, um erneut mit echtem Rodelfeeling durch den Wald zu düsen. Sollte das Wetter einmal nicht so recht mitspielen, dann halten Regenhauben die tollkühnen Rodler trocken.

Für noch mehr Action sorgt die Indoor-„Duellarena", in der sich vor allem die Kinder austoben dürfen. Hier warten ein großer Kletterparcours, ein Laser-Labyrinth, eine T-Wall (Lichtreaktionswand), ein Air Kicker und vieles mehr auf wagemutige Duellanten. Und während sich der Nachwuchs beim Baumstammspringen versucht oder beim „Bull-Riding" als Rodeo-Reiter beweist, können Eltern und Großeltern nach der rasanten Raserei eeendlich ein wenig Erholung finden. Vom „Bob-Inn"-Bistro aus haben sie alles im Blick.

Sommerrodelbahn am Scharmützelsee, Am Fuchsbau 7, 15526 Bad Saarow; Tel.: 03361/736035; scharmuetzelbob.de

Rodelbahn: März Mo–Fr 11–16 Uhr, Sa/So 11–17 Uhr; Apr., Mai, Juni, Sept. und Okt. tägl. 10–18 Uhr, Juli und Aug. tägl. 10–19 Uhr, Nov. Mo–Fr 13–16 Uhr, Sa/So 11 Uhr bis zur Dunkelheit, Dez., Jan., Feb. nur Sa/So 11 Uhr bis zur Dunkelheit; Duellarena: Sommersaison täglich 10–18 Uhr, Nebensaison Mo–Fr 13–18 Uhr, Sa/So und Ferien 10–18 Uhr.

Rodelbahn: 1 Fahrt 3 €, 6 Fahrten 14 €, Kinder (3–14 Jahren) 1 Fahrt 2 €, 6 Fahrten 10 €. Tageskarte: 35 €, Kinder 25 €; Duellarena: 5 €.

In der Duellarena herrscht „Sockenpflicht“!

54 Der Wildnis ganz nah – Wildpark Frankfurt (Oder)

Ein wenig ist es wie in jenen alten Märchen, in denen Mensch und Tier sich noch ganz nahe waren: Sanftäugige Rehe lassen sich aus der Hand füttern, neugierige Präriehunde wuseln herum und Hängebauschweine tummeln sich mit Kindern auf dem Spielplatz.

MARLITT

BB RADIO Voll die Vielfalt

In Frankfurt (Oder) kommen Sie natürlich nicht an dem berühmten Sohn der Stadt, Heinrich von Kleist, vorbei. Das ihm gewidmete **Kleist-Museum** begeistert mit der Dauerausstellung „Rätsel. Kämpfe. Brüche. Die Kleist-Ausstellung" sowie verschiedenen Wechselausstellungen zu Literatur und Kunst zahlreiche Besucher. Kontakt: Kleist-Museum, Faberstraße 6-7, 15230 Frankfurt (Oder); Tel.: 0335-387221-0; kleist-museum.de

Für echte Naturfreunde und die, die es einmal werden sollen, führt in Brandenburg kein Weg am Wildpark Frankfurt (Oder) vorbei. Nur selten kann man heimischen Wildtieren so nahe kommen. Dabei ging es auf dem Gelände nahe dem Ortsteil Rosengarten einst alles andere als paradiesisch zu, denn hier wurde scharf geschossen. Der ehemalige Schießplatz wurde ab 1994 von engagierten Bürgern und Firmen der Stadt, die sich in einem Verein zusammengefunden hatten, zu einem 16 Hektar großen Wildtierpark umgestaltet. Seit seiner Eröffnung im Jahr 2000 hat sich der Park zu einem beliebten Ausflugsziel entwickelt und ist heute Heimat für über 300 Tiere aus 30 Arten. Neben den frei umherlaufenden Exemplaren leben Lamas, Esel, Wildschweine, Auerochsen und Co. in wunderbar naturnah gestalteten Gehegen. Auf einem Rundgang, der auch für die Jüngsten zu bewältigen ist, können alle Bewohner besucht und beobachtet werden. Inzwischen betreiben die Gronenfelder Werkstätten den Park, deren Mitarbeiter dafür sorgen, dass der Parkbesuch für Groß und Klein immer wieder zu einer ganz persönlichen Begegnung mit der Natur wird. Geführte Rundgänge, Ponyreiten, Spielplätze, Lagerfeuer und das rustikale Bistro „Kobel" machen den Park in jeder Jahreszeit zu einem lohnenden Ziel für eine nicht alltägliche Exkursion.

Wildpark Frankfurt (Oder), Am Wildpark 1, 15234 Frankfurt (Oder); wichern-diakonie.de

1. Apr.–31. Okt. tägl. von 9–18 Uhr, 1. Nov.–31. März tägl. von 9–16 Uhr.

3 €, Kinder (4–14 Jahre) 1 €, Familienkarte (2 Erw. und 1–3 Kinder) 7 €, Führungen 15 €.

55 Helenes tiefe Gründe – Tauchen im Helenesee

Unter der Plattform geht es 56 Meter senkrecht nach unten. Da kann es dem Anfänger, der dort an der Kante sitzt, schon ein wenig flau werden. Nur gut, dass der Blick nicht ganz bis auf den Grund reicht und der Open Water Instructor so cool bleibt. Tauchen im Helenensee ist ein tiefgründiges Abenteuer.

Bis 1958 wurde in der Grube „Helene" Braunkohle für das Kraftwerk Finkenheerd gefördert, bis massive Wassereinbrüche den Abbau beendeten. Das Wasser stieg und stieg, bis schließlich ein über 200 Hektar großer See aus klarstem Grundwasser entstanden war. Gegen Ende der 1960er-Jahre begann man damit, den Helenesee für Urlaub und Erholung zu erschließen. Mitten im Landschaftsschutzgebiet, an einem der saubersten Seen des ganzen Landes, entstand im Laufe der Zeit ein Freizeit- und Campingpark, der heute zu den größten in ganz Europa zählt. Der breite Sandstrand ist fast 1,5 Kilometer lang. Es gibt Textil- und FKK-Bereiche, Strandbar und Freiluftkino, die bei Kindern beliebte Helene-Bahn, großzügige Sport- und Spielanlagen sowie perfekte Voraussetzungen fürs Surfen, Segeln und Paddeln.

Auch für den Tauchsport bietet die „kleine Ostsee" beste Voraussetzungen, sowohl für Anfänger als auch für Fortgeschrittene. Nicht ohne Grund haben sich hier gleich mehrere Tauchvereine angesiedelt. Die Unterwasserfreunde schwärmen stets von der außergewöhnlich guten Sicht von bis zu zwölf Metern. Dadurch lässt sich Flora und Fauna des Sees bestens beobachten. Der Chef im Wasser ist übrigens der Hecht, von dem schon ein Meter lange Exemplare gesichtet wurden. Zudem hält die „Helene" verschiedene Ausbildungsplattformen und einen interessanten Parcours zum Navigieren parat. Darüber hinaus lassen sich in der Tiefe Überbleibsel des Tagebaus, eine U-Boot-Attrappe sowie verschiedene Wracks entdecken, die jeden Tauchgang zu einem spannenden Erlebnis machen. Einen besonderen Nervenkitzel verspricht das Nachttauchen am Steilufer – ein echt aufregendes Vergnügen für alle Blubberfans.

Frankfurter Freizeit und Campingpark Helene-See, Am Helenesee 2, 15236 Frankfurt (Oder); Tel.: 0335/556660; helenesee.de; Tauchschule Seelöwen, August-Bebel-Strasse 116, 15234 Frankfurt (Oder); Tel.: 0335/545676; seeloewen.de; Tauchbasis „Aqua & Aero" am Helenesee; Tel.: 0335/525984; aqua-aero.net

Helenesee: Saison: Ostern bis Okt.; Tauchschule: siehe Website; Tauchbasis: 15. Mai–15. Sept. Mi–So 9–19 Uhr, außerhalb der Saison nach Anmeldung.

Helenesee: Tageseintritt: 2 €, erm. 1 €, ab 17 Uhr 1 €. Preise für Tauchkurse und -basis finden Sie auf den jeweiligen Websites.

56 Ein Ring sie zu knechten … – Offroadpark Teltow Fläming Ring

Sie meinen also, nur weil Sie im letzten Urlaub eine Quad-Tour mitgemacht haben, kennen Sie sich mit den Geräten aus? Nur weil vor Ihrer Haustür ein 4x4-SUV in der Sonne glänzt, sind Sie Experte für Geländefahrzeuge? In der Nähe von Zossen lässt es sich herausfinden, ganz bestimmt!

Wenn die Quad-Erfahrung nur auf ein wenig Wald- und Wiesengehopse beruht und die Tiefgaragenausfahrt der geländemäßige Höhepunkt des eigenen Fahrzeugs war, dann bedeutet das eines: Sie haben (noch) keine Ahnung! Aber gemach, gemach, dafür gibt es schließlich den Offroadpark im „Teltow Fläming Ring“. Hier erhalten auf einem 170 Hektar großen Gelände richtige Offroadfahrzeuge diverser Gattungen Freilauf unter artgerechten Bedingungen. Hier fühlen sich besonders Quads pudelwohl, die ja eigens dafür konstruiert wurden, um dort weiterzufahren, wo sonst niemand hinkommt. Bei einer Quad-Offroad-Safari geht es durch knietiefen Sand und über Schlammpisten, es warten schroffe Abhänge und steile Hügel, Wurzel- und Verschränkungspassagen, 30-Grad-Schräglagen und hundertprozentiges Gefälle. Das ist keine Picknick-Ausfahrt. Wer wirklich sein Fahrvermögen im Gelände unter Beweis stellen und nicht nur ein bisschen Staub aufwirbeln möchte, kann sich hier so ein 34-PS-Gerät samt Helm ausleihen. Nach kurzer Einweisung geht es los, zunächst über die Übungspiste, dann hinein ins schmutzige Vergnügen, und zwar bei jedem Wetter. Alternativ stehen klassische 4x4-Geländewagen von Toyota bzw. Landrover zur Verfügung. Oder wie wäre es mit dem vierachsigen Lkw Tatra 813? Einmal selbst solch ein unaufhaltsames 8x8-Geländemonster durch die unwegsamen Schikanen zu lenken ist ein aufregendes Fahrerlebnis. Im Offroadpark des Rings müssen die Gefährte zeigen, was sie können, hier werden sie hart rangenommen und wahrlich geknechtet. Und wer wissen will, was das eigene SUV so draufhat. Kein Problem, erfahrene Trainer helfen dabei, Sie und Ihr Fahrzeug auf Geländetauglichkeit zu testen.

ⓘ Teltow Fläming Ring GmbH / Offroadpark, Straße zur Försterei, 15806 Zossen OT Kallinchen; Tel.: 033769/202010; tf-ring.de

🕓 Mo–Fr 13.30–17 Uhr nach Absprache. Tourzeiten an den Wochenenden: ab März, nach Absprache und an öffentlichen Terminen (siehe Website).

€ Quad-Offroad-Tour: 80 € (Mindestalter 16 Jahre); Geländewagentour: ab 150 €; Offroad-Truck: ab 220 €.

57 Alle Mann aufs Board – Wasserskipark Zossen

So wie die Jungs und Mädels über den See brettern, kann einem glatt die Spucke wegbleiben! Mit waghalsigen Sprüngen jagen sie über die Schanze, legen sich in die Kurve und wirbeln plötzlich vorwärts, rückwärts, seitwärts durch die Luft ... Was für eine Show! Doch keine Sorge, es gibt noch Plätze im Anfängerkurs.

Wenn die Sonne brennt, wirkt das Strandbad Zossen wie ein Stück Karibik. Türkisblaues Wasser, eine sanft geschwungene Bucht mit weißem Sand und bunten Sonnenschirmen. Gute Laune liegt ebenso in der Luft wie der Duft von Pommes und Sonnencreme. Wem es jedoch zu langweilig ist, einfach nur am Strand zu liegen, der ist hier genau richtig. Zossens Wassersportanlage hält alle Boards bereit, mit denen man elegant übers Wasser flitzen kann: Wasserski, Wakeboards und Wakeskates.

Drüben am Übungslift steigt gerade die Spannung: Der Knirps ist vielleicht elf, zwölf Jahre alt. Der Neoprenanzug sitzt, die Schutzweste ist angelegt und auf seinem Kopf leuchtet ein quietschgelber Helm. Er macht sich bereit, an seinen Füßen große rote Bretter. Nun ist er an der Reihe, er konzentriert sich, geht in die Hocke, Arme lang, das Seil spannt sich und ab geht der wilde Ritt. Er hält sich, noch ... bis sein erster Versuch mit einem gewaltigen Platscher endet. Gut, dass es am Übungslift einen langen Steg gibt, da ist man schnell wieder an Land. Da ist er wieder und stellt sich erneut an, ein wenig zerzaust zwar, aber mit einem breiten Grinsen im Gesicht. Nächster Versuch, vielleicht klappt es ja jetzt. Tatsächlich stehen die meisten Kids schon nach wenigen Übungstagen ziemlich sicher auf den Brettern und können bald ihre ersten Runden an der großen Kabelbahn drehen. Früh übt sich, dann dauert es nicht lange, bis sie cool über den See zischen und sich an den Rampen einen zusätzlichen Kick holen. Die Königsdisziplin ist das Fahren ohne Bindung, das Wakeskaten, bei dem die Tricks der Skatboarder auf dem Wasser vollführt werden. Ein Kickflip auf dem Wasser? Wie geht das denn? Am besten Sie probieren es in Zossen selbst aus!

ⓘ Wasserskipark Zossen, Schünower Straße 19, 15806 Zossen OT Horstfelde; Tel.: 03377/203534, 0163/7080555; wasserskipark-zossen.de

🕓 Apr.–Okt., witterungsbedingt unterschiedlich, sonst tägl. von Mittag bis Abend; Kidskurse: So ab 9, 10, 11 Uhr; Einsteigerkurse vorwiegend im Frühling und Herbst.

€ pro Stunde: Wasserski: 25 €, Jugendliche (bis 16 Jahre) 19 €; Wakeboard: 33 €, Jugendliche (bis 16 Jahre) 24 €; Kidskurse: 15 € pro Kind.

58 Auf das edle Bleichgemüse – Spargelstadt Beelitz

Sie nennen sich Gijnlim, Grolim oder Backlim, kommen kerzengerade daher und treten stets in Reih und Glied an. Meist bleiben sie, weil sie von feinster Herkunft sind, ganz bleich. Das kommt im Sommer zur Geltung, wenn ihre eigene Königin den Thron ihrer Hauptstadt besteigt: in Beelitz, der Spargelstadt.

Das Städtchen Beelitz am Rande der Zauche darf sich seit 2013 ganz offiziell als „Spargelstadt" bezeichnen und tut vieles dafür, dass dieser Ruf weithin zu vernehmen ist. Das gilt besonders Anfang Juni, zum Höhepunkt der Spargelsaison, wenn die ganze Altstadt einmal mehr zur Party- und Genussmeile wird. Über 30.000 Besucher kommen alljährlich, um das große Markttreiben, die offenen Altstadthöfe und verschiedene Bühnen zu erleben, auf denen mit Stargästen das blasse Stangengemüse gefeiert wird. Neben Live-Kochshows mit den neuesten Spargelrezepten sowie Spargelschälwettbewerb und Höhenfeuerwerk zählt der große Festumzug am Sonntag zu den Höhepunkten der Feierlichkeiten. Am frühen Nachmittag zeigen über 50 bunt geschmückte Festwagen, Gruppen und Spielmannszüge, was Beelitz und Umgebung ausmacht – allem voran eine gewaltige Spargelpyramide, mit der sich auch die Spargelkönigin des Jahres die Ehre gibt. Nicht zu vergessen die Beelitzer Maskottchen „Spargelino" und „Spargelina" sowie der nimmersatte „Spargelfresser". Und wenn man schon einmal da ist, sollte man unbedingt einen der 15 Spargelhöfe der Region um Beelitz besuchen, die das Stangengemüse in Hofläden und urigen Restaurants anbieten. Frischer ist es nirgends! Das edle Bleichgemüse wird im Raum Beelitz bereits seit 1861 angebaut und hat seither einiges erlebt. Im Spargelmuseum kann man daher mehr über die Herkunft und Vorzüglichkeiten des „königlichen" Gewächses erfahren, das hier zeitweise sogar als kulinarische Zweit-Währung galt. Und weil auch die schönste Spargelsaison einmal endet, gibt es zwischendurch reichlich Kirschen, Erd- und Heidelbeeren, Kartoffeln und Kürbisse, hier mit Streichelzoo, dort mit Dekoscheune und Klettergarten.

ⓘ Touristen-Information Beelitz, Poststr. 15.; Tel.: 033204/39155/-56; beelitz.de; Spargelmuseum, Mauerstr. 12, 14547 Beelitz; Tel.: 0151/11640934; Spargelhöfe und ihr Angebot: beelitz.de/spargel/spargelhoefe

🕓 Museum; Apr.–Juni Di–So 10–16 Uhr, Juli–Aug. Di u. Do 13–16 Uhr, Mi u. Fr 13–15 Uhr; jederzeit auf Anfrage; Spargelfest: erstes Wochenende im Juni.

€ Museum: 2,50 €, erm., Gruppen ab neun Besuchern 2 €.

59 Mehr als nur Gemüse – Spargelhöfe in Brandenburg

Ein Besuch auf einem Spargelhof? Was soll man denn da machen? Auf den Spargelhöfen in Kremmen, Klaistow, Schäpe und Diedersdorf kommt garantiert keine Langeweile auf! Hier gibt es riesige Rutschen, Streichelzoos, Hofläden und vieles mehr. Und natürlich können Sie auch Spargel kaufen und – viel wichtiger – essen.

Mit Beginn der Spargelsaison geht es auch auf den Spargelhöfen in Brandenburg wieder rund. Nördlich von Berlin lädt der Spargelhof Kremmen (Punkt 59.1 auf der Karte) zu einem Kurzurlaub auf dem Bauernhof ein. Neben Hüpftrecker, Kletter-Mähdrescher und Strohburg begeistern die kleinen Gäste vor allem Schweine, Ziegen und Kaninchen. Während der Spargelsaison findet immer montags das „Spargel-satt-Buffet" statt, bei dem Sie so viel leckeres Stangengemüse in verschiedenen Varianten kosten dürfen, wie Sie können. Und wer keinen Spargel mag, kommt einfach zum Heidelbeerpflücken vorbei.

Nordwestlich von Beelitz ist auch der Spargel- und Erlebnishof Klaistow (59.2) ein tolles Ziel für einen Familienausflug. Der riesige Spielplatz eignet sich perfekt zum Tollen und Toben, auf der Streichelwiese freuen sich Ziegen und Schafe über einen Besuch und im Kletterwald geht es hoch hinaus. Das Hofrestaurant, die Scheunenküche, die Hofbäckerei und das Heidelbeercafé sorgen für die nötige Stärkung zwischendurch.

Nur wenige Kilometer entfernt landet auch in der Bauernscheune des Jakobs-Hofs in Schäpe (59.3) täglich Spargel frisch vom Feld auf dem Teller. Ein großer Spielplatz sorgt für beste Unterhaltung bei den Kleinen. Direkt gegenüber dem Hof sollten Sie unbedingt dem kleinsten Museum Brandenburgs, dem 5-Minuten-Museum, einen Besuch abstatten.

Einen Ausflug ins Landleben können Sie schließlich auch südlich von Berlin auf das Spargelgut Diedersdorf (59.4) unternehmen. Hier erwarten die Kleinen eine Kletterwand, eine 25 Meter lange Seilbahn und eine Vogelnestschaukel, während Sie es sich auf der Sonnenterrasse des Spargelrestaurants gutgehen lassen.

Also nichts wie los, besuchen Sie einen der Spargelhöfe – ein Erlebnis für die ganze Familie!

Spargelhof Kremmen GmbH & CO. KG, Groß-Ziethener Weg 2, 16766 Kremmen; Tel.: 033055/2080; spargelhof-kremmen.de; Spargel- und Erlebnishof Klaistow, Glindower Straße 28, 14547 Beelitz OT Klaistow; Tel.: 033206/61070; spargelhof-klaistow.de; Jakobs-Hof Schäpe, Schäpe 21, 14547 Beelitz OT Schäpe; Tel.: 033204/41970; jakobs-spargel.de; Spargelgut Diedersdorf, Birkholzer Straße 103, 14979 Großbeeren OT Diedersdorf; Tel.: 03379/203355; spargelgut-diedersdorf.de

siehe Websites.

60 Riesig, massig und echt cool – „Titanen-Arena" in Brück

In der Mythologie sind die Titanen ein menschenähnliches Göttergeschlecht. Im Brandenburgischen hingegen kommen sie auf vier behuften Beinen daher, die einen muskulösen, massigen Körper tragen, dem kein Mensch etwas entgegenzusetzen hätte. Und sie sind cool, die Coolsten im Reich der Pferde.

Einst waren die Pferderassen der Kaltblüter weit verbreitet. Als „Ackergäule" und „Brauereipferde" halfen sie bei mühsamen Diensten und allerschwersten Lasten, bis Motoren ihre Aufgaben übernahmen. Heute sieht man die kraftvollen Tiere, die locker über 1.000 Kilogramm auf die Waage bringen können, nur noch selten. Damit sie nicht ganz in Vergessenheit geraten, wird in dem Kleinstädtchen Brück seit 2002 ein Wettkampf ausgerichtet, an dem nur Pferde ab 600 Kilogramm und mit typischen Rassemerkmalen teilnehmen dürfen. Alljährlich messen sich die Kolosse bei der Veranstaltung „Titanen der Rennbahn" in Geschwindigkeit, Kraft und Gewandtheit. Ein einmaliges Spektakel, bei dem sich neben Pferdekennern regelmäßig über 20.000 Besucher einfinden. Ein Wochenende lang verwandelt sich Brück dann in ein riesiges Volksfest mit allem Drum und Dran. Während sich Groß und Klein von einem erstklassigen Programm unterhalten lassen, beweisen die charakterlich so ausgeglichenen Pferde in der „Titanen-Arena" ihr sportliches Wesen. Sie treten in den unterschiedlichsten Disziplinen gegeneinander an, im Rennreiten ohne Sattel, im Wagenrennen oder im zwei- bis sechsspännigen Geschicklichkeitsfahren durch einen Hindernisparcours. Einfach beeindruckend, wie die Fahrer die gewaltigen Kräfte der rasanten Gespanne bändigen. Schließlich wird beim Brandenburger Championat das stärkste Kaltblut des Landes ermittelt, in dem die Tiere Schlitten mit zunehmender Last ziehen. Als Gewichte dienen dabei übrigens die Zuschauer! Wenn „Max", „Hannes" und „Egon" sich richtig ins Zeug legen, dann geht von ihnen wirklich etwas Mythisches aus.

Kaltblut Zucht- und Sportverein Brück e.V., Lindenstraße 37, 14822 Brück; Tel.: 033844/316; titanenderrennbahn.de

Wochenende Ende Juni.

Tagesticket 19 €, Abendveranstaltung 10 €.

61 Die Physik der Straße – Fahrsicherheitstraining in Linthe

Sie sind in Ihrem Auto unterwegs und ahnen nichts Böses, sie fahren ja nur knapp 50 km/h, was soll bei dem Bisschen Feuchtigkeit schon passieren? Man ist ja schließlich routiniert. Plötzlich ein Hindernis, Wasserfontänen, der Wagen bricht aus …

MAIKI

Was jederzeit im Straßenverkehr geschehen kann und viel zu häufig nicht glimpflich ausgeht, kann jeder Führerscheininhaber im ADAC-Fahrsicherheitszentrum in Linthe ausprobieren. Hier ist es die Pkw-Dynamikplatte, die das Fahrzeug auf einer Gleitfläche mit Wasserhindernissen kontrolliert zum Ausbrechen bringt. Selbst der geübteste Fahrer wird an dieser Stelle die erschreckende Erfahrung machen, wie wenig man ein Auto in einer Gefahrensituation tatsächlich im Griff hat. Auf einer Fläche von 25 Hektar nahe der A9 hat der ADAC eine der größten und modernsten Fahrsicherheitsanlagen in Europa errichtet, auf der man die wichtigsten Aspekte von Fahrphysik und -praxis wortwörtlich erfahren kann. Haben die Teilnehmer den Bremstest auf unterschiedlichen Straßenbelägen und die schnelle Slalomfahrt im Aquaplaningbecken absolviert, sowohl die Kurvengefällstrecke als auch die große Kreisbahn gemeistert, dann haben sie schon gewonnen, zumindest an Erfahrung und Risikobewusstsein im Straßenverkehr. In verschiedenen Trainingseinheiten, die von Anfängergrundlagen bis hin zum sportlichen Driften reichen, lernen die Fahrer sowohl wie sie gefährliche Situationen schneller erkennen und besser einschätzen können als auch ihr Fahrzeug und dessen Technik besser zu beherrschen.

BB RADIO Voll die Vielfalt

Nur wenige Autominuten vom Fahrsicherheitszentrum entfernt geht es auf dem Gelände der Beelitzer Heilstätten in luftige Höhen. Der **Baumkronenpfad Baum & Zeit** ermöglicht – bis zu 23 Meter über dem Boden – ein einmaliges Erlebnis und bietet großen und kleinen Besuchern vom 40 Meter hohen Aussichtsturm spektakuläre Panoramablicke. Kontakt: Baumkronenpfad Beelitz-Heilstätten Baum & Zeit, Str. nach Fichtenwalde 13, 14547 Beelitz; Tel.:033204/634723; baumundzeit.de

ⓘ ADAC Fahrsicherheitszentrum, Berlin-Brandenburg GmbH, Am Kalkberg 6, 14822 Linthe, Tel.: 033844/750750; fahrsicherheit-bbr.de

🕓 Nach Vereinbarung.

€ Pkw-Kompakt-Training 4,5 Std.: Mo–Fr: Mitglieder 99 €, Nichtmitglieder 115 €, Sa, So, Feiertage: Mitglieder 125 €, Nichtmitglieder 135 €; weitere Preise: siehe Website.

62 Zu Besuch beim Sandmännchen – Puppenmuseum in Görzke

Mitten im Hohen Fläming rotiert es. In der kleinen Gemeinde Görzke gilt der gute Ton alles, und alles dreht sich um Formvollendung. Doch Görzke ist nicht nur ein bekannter Töpferort, sondern auch Geburtsstätte des kleinsten und wohl bekanntesten Republikflüchtlings der DDR: dem Sandmännchen.

Seit Jahrhunderten drehen sich hier in mehreren rustikalen Werkstätten die Töpferscheiben und es entstehen bis heute formschöne Tonwaren aller Art. Mitte der 1940er-Jahre fertigte ein Familienbetrieb statt Krügen und Schüsseln erstmals kleine Tonfiguren an, die gebrannt und bunt bemalt bald die Kinderstuben der Region eroberten. 1947 entstand „Petra", die erste Görzker Puppe. Die Tonpuppen mit handgeschneiderter Kleidung aus Alttextilien waren der Renner und wurden in die ganze Welt exportiert. Die bekannteste Figur wurde jedoch ein kleiner Mann mit Zipfelmütze und Ulbricht-Bart, der ab 1959 den kleinen Bürgern täglich zum Abendgruß Sand in die Augen streute, das Sandmännchen. Vorher betonierte er Wege in der Plattenbausiedlung, schaute bei der NVA vorbei oder traf sich mit den Jungen Pionieren. Auf seiner „Schwalbe" düste er sogar in den Westen und besuchte die Bremer Stadtmusikanten oder die Sieben Schwaben. Eigentlich Republikflucht, aber er kam ja immer wieder zurück.

Die Görzer Puppenfabrik produzierte bis 1995. Die weithin beliebten Baby-, Märchen- und Disco-Puppen, Clowns und Harlekine, Seemann- und Pionierpuppen sowie die Zwerge „Hein", „Bollo" und „Plattfuß" kann man heute im eigens eingerichteten Puppenmuseum auf dem Handwerkerhof besuchen. Wenn Sie einmal hier sind, sollten Sie sich auch das Technische Museum mit der riesigen Dampfmaschine und das beeindruckende Jagd- und Forstmuseum nicht entgehen lassen. Und im Hofladen warten die örtlichen Keramikerzeugnisse auf Abnehmer.

Richtig rund geht es in Görzke zu Ostern, wenn über 60 Töpfereien beweisen, wie aus Tradition, Handwerk und rotierender Scheibe formvollendete Kunst wird. Oder ein praktischer Becher, dessen Brauchbarkeit sich an den vielen Buden sogleich testen lässt.

ⓘ Handwerkerhof Görzke, Kirchstr. 18–19, 14828 Görzke; Tel.: 0152/06656163; toepferort-goerzke.de

🕓 Puppenmuseum: Mo–Fr 9–17, Sa, So 13–16 Uhr; Töpfermarkt: jährlich Ostersamstag und -sonntag.

€ Puppenmuseum: 2,50 €, Kinder 1 €.

63 Bei Raben, Rittern und Rosemarie – Ritterfest auf Burg Rabenstein

Zu einer echten Ritterburg gehören selbstverständlich Ritter und mindestens ein spukender Geist! Im Burgendreieck des Hohen Fläming kann man all das finden: das romantische Gemäuer, brummige Rittersleute und jene holde Jungfrau, die, einstmals hier eingesperrt, noch immer herumgeistert.

Ganz oben auf dem Steilen Hagen nahe dem Dörfchen Raben erhebt sich seit etwa 800 Jahren die Burg Rabenstein. Von hier aus behielten die hiesigen Ritter einst die Gegend im Blick und kontrollierten Volk und Verkehr. Heute bietet der massive 30 Meter hohe Bergfried aufstiegswilligen Besuchern eine beeindruckende Aussicht über die herrlichen Laubwälder des Hohen Fläming. Die hoch gelegene Wehranlage galt lange Zeit als uneinnehmbar, hat jedoch mittlerweile ihre Tore für Gäste geöffnet, die einmal dem ritterlichen Treiben von anno dazumal nachspüren möchten. Rabenstein ist ein mittelalterliches Kleinod, das zu den besterhaltenen und auch romantischsten Burgen im BB-Land gehört. Den urigen Rittersaal mit den Wappen alter Adelsgeschlechter, das Torhaus mit dem Aborterker, Scheune, Backhaus und Kapelle kann man besonders gut bei „lebendigen" oder musikalischen Führungen erleben. Dabei wird auch die traurige Geschichte der holden Jungfrau Rosemarie erzählt und von den sagenhaften Kobolden berichtet. Echter Grusel kommt auf, wenn „Folterknecht Edmund" im dunklen Verlies seine Instrumente vorführt.

Jährlicher Höhepunkt ist das Burgfest Rabensteiner Herbst. Dann beleben zahlreiche Spielleute und Handwerker, lustige Gaukler und grimmige Rittersleute die uralten Gemäuer. Doch Vorsicht, es treiben sich auch listige Scharlatane und derbe Spaßvögel herum! Nach spannenden Turnieren und verblüffenden Vorführungen ist es dann an der Zeit, von den herzhaften, süßen, würzigen und süffigen Spezialitäten aus der Burgschänke zu kosten. Auf der Burg kann man auch übernachten, die Herberge verfügt über 70 Betten. Doch denken Sie an Rosemarie!

ⓘ Burg Rabenstein Fläming GmbH, Zur Burg 49, 14823 Rabenstein, Tel.: 033848/60221, burgrabenstein.de

Öffnungszeiten Restaurant: Mi–So 11–19 Uhr; Führungen: Anmeldung zu Führungen per Tel.: 0162/7767341 oder E-Mail: kontakt@ralf-der-rabe.de; Rabensteiner Herbst: am 4. Wochenende im Sept.

€ Turmbesteigung: 2 €, Kinder 0,50 €; Burgführung: 5 €, Kinder 3 €, unter 6 Jahren frei; lebendige Führungen: Preise auf Anfrage, je nach Gruppenstärke gestaffelt; Übernachtung/Frühstück: 13,50 €/7,50 €, Kinder (3–11 Jahre): 10 €/5 €.

64 Auf Touren kommen – Skaten im Fläming

Wo einst Gletscher die Landschaft prägten und das Dichterpaar Bettina und Achim von Arnim ihre romantischen Verse schmiedeten, dreht sich heute vieles um sportliche kleine Rollen. Unweit von Berlin hat sich der Landkreis Teltow-Fläming mit der „Flaeming-Skate" zu einem Hotspot für Inline-Skater etabliert.

Fernab vom nervigen Straßenverkehr schlängelt sich das glatte Asphaltband der Flaeming-Skate durch die idyllische Landschaft. Insgesamt stehen rund 230 Kilometer dieser zwei bis drei Meter breiten Rollbahn zur Verfügung, die in verschiedenen Rundkursen oder Tagesetappen absolviert werden kann. Egal, ob Sie Inliner-Enthusiast, Radler oder Rollstuhlfahrer sind oder sich lieber auf Skateboards, Stepperbikes oder Skirollern fortbewegen – hier kommen Räder und Rollen garantiert auf Touren. Denn auf der feinen 0,5er-Körnung des Asphalts fährt es sich fast wie von selbst. Eine handliche Broschüre weist Anfängern und geübten Sportlern den Weg zu den acht Rundkursen, die mit einer Länge von 11 bis 94,59 Kilometern und unterschiedlichen Höhenprofilen allen Ansprüchen gerecht werden. Zudem werden Hinweise auf Sehens- und Erlebenswertes am Wegesrand, gemütliche Restaurants, urige Biergärten und Verleihstationen gegeben. Alle Streckendaten gibt es natürlich auch für das Smartphone.

Echte Rollenprofis kommen auch in Jüterbog auf ihre Kosten. Die dortige Skate-Arena gilt unter Kennern als beste Bahn Deutschlands. Sie bietet neben dem 200 Meter langen Oval auch ein Roll-Hockeyfeld sowie einen 500 Meter langen wettkampftauglichen Straßenkurs. Immer wieder werden hier hochkarätige Wettbewerbe ausgetragen, bei denen es einzig und allein um Geschwindigkeit geht. Auf dem Programm der Arena stehen zudem Kurse und organisierte Events. Geübte Amateure dürfen (mit entsprechender Schutzausrüstung) hier ihrem persönlichen Temporausch erliegen. Ob Speedskating oder romantisches Dahinrollen, die Flaeming-Skate bietet pures Freizeitvergnügen für jeden, der auf Rad und Rolle unterwegs ist.

Landkreis Teltow-Fläming, Am Nuthefließ 2, 14943 Luckenwalde; Tel.: 03371/6081342; flaeming-skate.de; Skate-Arena: Am Reitstadion, Gewerbegebiet Luckenwalder Berg, 14913 Jüterbog.

Skate-Arena: nach Voranmeldung.

Skate-Arena: Nutzungsgebühr für Freizeitskater: Schnupperstunde (45 Min.): 3 € p. P.

Die Nutzung der Flaeming-Skate ist für alle Besucher kostenlos.

65 Die Mega-Inseln von Krausnick – Tropical Islands Resort

Eigentlich ist es nur eine Garage. Allerdings eine, die mit einer Fläche von neun Fußballfeldern, 107 Metern Höhe und 14.000 Tonnen verbautem Stahl nicht unbedingt beengt ausgefallen ist. Wo eigentlich Luftschiffe parken sollten, wird heute unbegrenzter Freizeitspaß geliefert, mit Schönwetter-Garantie.

Um den Bade-Freizeitpark „Tropical Islands" am Rande des Spreewaldes zu beschreiben, muss man tief in die Kiste der Superlativen greifen. Schließlich ist es eine der größten frei tragenden Hallen der Welt, in der man sogar mit einem kleinen Fesselballon umherfahren darf. Und das ist nur eine der zahllosen fantastischen Attraktionen, die man hier erleben kann. Ein Tropendorf mit originalgetreuen Nachbauten aus fernen Ländern beherbergt das kulinarische Angebot, ein 200 Meter langer Südseebadestrand und die Bali-Lagune mit Palmen, Wasserfall und Affenfelsen sorgen für Dschungelatmosphäre. Im Regenwald – dem größten Indoor-Regenwald der Welt – wachsen rund 50.000 Pflanzen, im Sumpf wohnen Schildkröten und Flamingos. In der Sauna-Landschaft – der größten Sauna-Landschaft Europas – kann man in sieben verschiedenen Bereichen schwitzen. Rasante Abkühlung versprechen Breitwellenrutschen, die 76 Meter Power-Rutsche und die Crazy-River-Reifenrutsche – klar, mit dem höchsten Rutschenturm Europas.

Etwas beschaulicher geht es im ganzjährig geöffneten Außenbereich Amazonia zu, der auf 35.000 Quadratmetern zahlreiche Wasserattraktionen, Ruhe- und Wellnessflächen sowie den 250 Meter langen – landesweit einzigartigen – Strömungskanal Whitewater River bietet. Noch mehr Spielfreude ermöglicht der Kinderclub „Tropino" mit seiner riesigen Kletterspielanlage, Mega-Legosteinen, Mini-Cars-Kartbahn sowie Bumper Boats und Powerpaddlern. Zudem finden dreimal am Tag lustige Animationsprogramme statt. Und wer immer noch nicht genug hat – man kann bequem in Zimmern, Abenteuer-Lodges, im Safarizelt oder auf dem Campingplatz übernachten. Aber auch wenn die „Garage" ein Dach hat, Sonnencreme nicht vergessen!

Tropical Island Management GmbH, Tropical-Islands-Allee 1, 15910 Krausnick; Tel.: 035477/605050; tropical-islands.de

für Tagesgäste: tägl. 6–24 Uhr.

Tagestickets: Tropen pur: 42 €, erm. 33 €, Kinder bis 5 Jahre frei; mit Sauna: 49 €, erm. 39,50 €, Kinder bis 5 Jahre frei; weitere Preise: siehe Website.

66 Einmal wie Schumi – Auf dem Spreewaldring

Auch die Größten der Rennsportzunft haben einmal mit kleinem Gerät angefangen. So war es Michael Schumacher, der den ersten Meistertitel der Nachwuchsserie Formel König holte. Im STC-Motodrom darf man ausprobieren, ob man das Zeug für die höhere Fahrzeugklasse Formel Masters hat.

Der Rundkurs des Spreewald-Training-Centers bietet alles, was es für den Formel-Sport braucht, nur eben ein wenig kleiner. Auf dem 25 Hektar großen Gelände erwartet die Nachwuchspiloten eine 2.700 Meter lange und 10 Meter breite Strecke mit ordentlich Grip, Auslaufzonen und insgesamt 10 Rechts- und 7 Linkskurven. Dazwischen eine riesige Boxenhalle, 200 Meter Boxengasse, Fahrerlager, Schulungs- und Briefing-Raum sowie alles für den Streckenfunk. Hier findet sich im Kleinen alles, was das Rennfahrerherz begehrt. Allerdings werden auf dem Spreewaldring keine klassischen Rennen veranstaltet, sondern realistische Bedingungen geboten, wo sportlich ambitionierte Motorrad- und Autofahrer abseits der öffentlichen Straßen trainieren können. Freies Fahren für freie Mopedfahrer? Nicht so schnell. Der Kurs ist anspruchsvoll und gespickt mit den unterschiedlichsten Kurven. Die richtige Linienwahl ist entscheidend. Daher müssen die Fahrer eine STC-Freifahrlizenz vorlegen, bevor sie die Grenzbereiche ihrer Maschinen ausloten dürfen. Schon startet das spezielle Kurven- oder Renntraining. Freies Fahren mit dem eigenen Pkw (Helmpflicht) oder als Co-Pilot im Renntaxi geht natürlich auch.

Und da steht er nun, der Bolide aus der Formel-Masters-Klasse. Der kraftvolle 1,6-Liter-FSI-Motor mit 160 PS beschleunigt die 490 Kilogramm leichte Rennflunder auf bis zu 250 km/h. Es folgt eine kurze Einweisung in die rennsportlichen Grundlagen samt Flaggenkunde und Ausprobieren der exakten Lenkung und der extrem kurzen Schaltwege. Erst in den Overall, dann ins Cockpit quetschen und ab geht es mit höllischem Sound: Ideallinie suchen, Bremspunkt, Gas!

Spreewaldring Training Center GmbH, Waldhaus 2, D-15910 Schönwald OT Waldau; Tel.: 035477/65911; stc-motodrom.de

März–Nov. tägl. 10–18 Uhr.

Schnupperkurs Formel König: ab 249 €, Formel Masters Kick off: ab 299 €.

67 Echt krumme Dinger – Spreewälder Gurkentag in Golßen

Sie sind so was von grün, schmecken chili-scharf bis honig-süß und sind eindeutig die krummsten Dinger der Gegend. Einmal im Jahr wird dem bekanntesten Produkt der Region im beschaulichen Golßen ein ganzes Fest mit Markt, Folklore und Kulturprogramm gewidmet: der Spreewälder Gurkentag.

Senfgurken, Saure Gurken, Pfeffergurken, Knoblauchgurken oder Gewürzgurken, alles eine Frage des Geschmacks. Ausgedacht hat man sich die raffinierten Rezepte für die Kürbisgewächse schon vor Jahrhunderten, als die hiesigen Bäuerinnen versuchten, die Ernte für die lange Winterzeit haltbar zu machen. Es entstanden Rezepturen, die sich seither kaum verändert haben und von den Familien streng gehütet wurden. Heute wird die geografische Herkunft der aromatischen Spezialitäten aus dem Spreewald sogar von der EU geschützt. Ein Grund mehr, den traditionsreichen Spreewälder Grünlingen einen eigenen Themenradweg und ein Fest zu widmen. Höhepunkt der Feierlichkeiten ist die Wahl des Spreewälder Gurkenkönigspaares, das in einer Zeremonie das erste Gurkenfass der Saison anschlägt. Neben der neuen Ernte warten an über hundert Ständen Spreewaldgurken in allen Varianten und viele weitere Spezialitäten auf eine Verkostung. Und wer es ganz genau wissen will, der sollte sich den Spreewaldhof nicht entgehen lassen. Während der Gurkenfeiertage darf man zuschauen, wie die grünen Traditionsgewächse schnell und frisch ins Glas kommen. Sie werden sortiert, gewogen, gründlich gewaschen und gebürstet, nochmals geduscht und – weil nur die Schönsten mitspielen dürfen – per Hand verlesen. Mit Essig, Kräutern, Zwiebeln und natürlichen Gewürzen drängeln sie sich dann im Glas. Vorsichtig noch ein wenig Nachstopfen, Aufguss und Deckel drauf, fertig. Fehlt noch das heiße Wasserbad, dann haben sie sich ihr Etikett verdient und dürfen neben Obst- und Gemüsespezialitäten ins Regal des Hofladens. Einhundertprozentig regional, Bio-zertifiziert, meist krumm und immer knackig.

ⓘ Spreewaldhof: Obst- und Gemüseverarbeitung, Spreewaldkonserve Golßen GmbH, Bahnhofstraße 1, 15938 Golßen; Tel.: 035452/3890; spreewaldhof.de

🕒 Hofladen: Mo–Mi 14–17 Uhr, Do–Fr 10–13 Uhr; Spreewälder Gurkentag: zweites Wochenende im August.

68 Abhängen im Spreewald – Kletterwald Lübben

Locker abhängen geht anders und es bedarf durchaus ein wenig Mut, sich den zwei Karabinerhaken und einem 12-mm-Seil anzuvertrauen. Doch hat man sich erst einmal ein Herz gefasst, dann steigen Adrenalinspiegel und Ehrgeiz. Und am Ende will man gar nicht mehr auf den Boden zurück.

Die Einweisung in den Kletterwald, die Sicherheitsausrüstung und die Benutzung der Seilbahnen geschieht in nur einem Meter Höhe, sodass man rasch an Sicherheit gewinnt. Das gilt natürlich besonders, wenn die Jüngsten (ab 6 Jahren) den Großen mal eben zeigen wie locker sie „Ameise“, „Biber“ und „Igel“ überwinden. Auch „Dachs“ und „Fuchs“ lassen sich noch ganz gemütlich erobern, wohingegen der „Wolf“ schon bis in 4 Meter Höhe reicht. Clever und flink geht es das „Wiesel“ hinauf, wo eine 60-Meter-Rutsche wartet. Beim „Eichhörnchen“ sind große Sprünge von Baum zu Baum gefragt, während der „Luchs“ seinem Namen alle Ehre macht und nur gute Kletterer hinauf lässt, die auch kniffelige Aufgaben lösen können. Den wortwörtlichen Höhepunkt des Kletterwaldes erklimmt man am Parcours „Schwarzer Milan“. Der Weg führt bis in 10 Meter Höhe und verlangt von allen Emporkömmlingen eine ordentliche Portion Kraft und jede Menge Geschicklichkeit. Zur Belohnung winkt der 10-Meter-Base-Jump. Nach unten sausende Tarzanschreie beweisen es, es macht einfach Spaß, gemeinsam ganz hoch hinaus zu kommen.

Nach zehn Parcours mit insgesamt über 125 Prüfungen in allen Schwierigkeitsgraden sind die meisten wirklich fertig, aber glücklich! Jetzt erstmal locker abhängen, der 10-Meter-Kletterturm kann noch ein wenig warten.

ⓘ Kletterwald Lübben, Hartmannsdorfer Str. 27 c, 15907 Lübben (Spreewald); Tel.: 01573/0051727; kletterwald-luebben.de

🕓 Nebensaison: Apr., Mai, Sept., Okt. Di–So 10–18 Uhr; während der Schulferien in Brandenburg und an Feiertagen täglich geöffnet; Hauptsaison: Juni, Juli, Aug. tägl. 10–19 Uhr.

€ ab 18 Jahren 19 €, Kinder ab 11 Jahren, Jugendliche, Studenten, Azubis 16 €, Kinder 8–10 Jahre 13 €, Kinder 6–7 Jahre 10 €.

69 Faszinierende Innenansichten – Plastinarium in Guben

Es sind eingefrorene Szenen aus dem Leben. Ein malender Künstler mit einer Farbpalette in der Hand, ein Sportler während des Hochsprungs oder der Schachspieler, der konzentriert die Figuren auf dem Spielbrett betrachtet. Sie sind echt, sie sind bereits gestorben und sie faszinieren!

Zugegeben, man braucht schon starke Nerven und eine gute Portion Wissensdurst, um sich den plastinierten Körpern Gunther von Hagens zu nähern. Dennoch zog die Anatomieausstellung „Körperwelten", die ab 1995 rund um den Globus gezeigt wurde, fast 50 Millionen Besucher an. Wohl jeder erinnert sich an die hitzige Debatte über moralische Grenzen und Tabubrüche, die seinerzeit die plastinierten Leichen begleiteten. Seit 2006 hat die Werkstatt des umstrittenen Plastinators im Osten Brandenburgs eine neue Heimat gefunden. In Guben, der einstigen Stadt der Hüte, zogen die Knochenpräparate, Gefäßgestalten, Körperscheiben, Organ- und Gestaltplastinate von Menschen und Tieren in eine ehemalige Tuchmacherei ein.

Das PLASTINARIUM ist weltweit einzigartig. Die Besucher erhalten Einblicke in die Geschichte der Anatomie und dürfen in der „gläsernen Werkstatt" dabei zuschauen, wie die Präparation per Plastination funktioniert und wie Exponate und Unterrichtspräparate gefertigt werden. In der Galerie sorgen neben Kleinstpräparaten und Scheibenplastinaten zwei Giraffen in voller Lebensgröße und eine Knochen-Gefäßgestalt eines Straußes immer wieder für staunende Blicke. Höhepunkt ist natürlich der Schauraum mit den Ganzkörperplastinaten. Hier sind die drei plastinierten Pokerspieler eindeutig die Stars, schließlich durften sie schon bei James Bond in „Casino Royal" auftreten. Es ist schon ein wenig bizarr, aber für Laien eine außerordentliche Möglichkeit, sich mit der Funktion, Schönheit und Vergänglichkeit unserer Existenz zu beschäftigen. Wer möchte, kann auch gerne seinen Körper zur Verfügung stellen.

ⓘ PLASTINARIUM, Uferstraße 22, 03172 Guben, Tel.: 03561/5474382; plastinarium.de

🕓 Fr–So 10–18 Uhr, letzter Einlass: 16 Uhr, Gruppen ab 20 Personen auch Mo–Do.

€ 12 €, erm. 10 €.

70 Bei den lustigsten Schwimmern – Spreewelten-Bad in Lübbenau

Gegen diese Schwimmmannschaft hat niemand eine Chance! Ihr schwarz-weißer Schwimmdress sitzt wie angegossen, ihre Körperhaltung ist perfekt stromlinienförmig und ihre Energieriegel bestehen aus feinstem rohen Fisch. Richtig, im Erlebnisbad Lübbenau treten echte Pinguine zum Wettschwimmen an!

Wie bitte? Pinguine im Schwimmbad? Ganz genau. In das Freizeitbad Spreewelten wurde eine Pinguinanlage integriert, die durch riesige Glasfronten abgetrennt ist. Während also die Menschenkinder auf der einen Seite planschen, können sie dabei die Truppe Humboldt-Pinguine beobachten, die durch ihr Reich zu fliegen scheinen. Durch einen urigen Tunnel gelangen die verspielten Vögel auch in den Außenbereich, wo man versuchen kann, mit den possierlichen Frackträgern um die Wette zu schwimmen. Das gibt es sonst nirgends! Außerdem kann man die lustigen Tiere sogar mit der Hand füttern.

Natürlich bietet das Spreewelten-Bad, in dem ortstypisch statt Palmen Birkenwälder stehen, auch sonst fast alles, was für Entspannung sorgt. Dazu gehören 14 verschiedene Themensaunen, Massagen und diverse weitere Verwöhnprogramme. Der ganze Außenbereich der Therme wurde zudem wie ein altes Spreewälder Gehöft mit eigener Kahnanlegestelle gestaltet – faszinierend und beruhigend zugleich. Wem das dann doch zu ruhig ist, der sollte sich den zwei Riesenrutschen zuwenden. Hier wartet eine echte Weltneuheit: eine interaktive und selbst programmierbare Erlebnisrutsche. Auf der Internetseite kann man sich aus mehr als 1.000 Kombinationen sein individuelles Rutschvergnügen zusammenstellen. Wie wäre es mit einer Fahrt mit Twistereffekt, Aquastrobe oder Runninglight? Testen Sie doch einfach, wer bei der Rutschpartie die meisten Leuchtpunkte berührt und den High-Score erreicht. Und zum Schluss sollten Sie unbedingt noch mal von der Spreewaldbrücke aus schauen, was die Pinguine in ihrer Unterwasserwelt gerade so treiben.

Spreewelten Bad, Alte Huttung 13, 03222 Lübbenau/Spreewald; Tel.: 03542/8941-60; spreewelten.de

So–Do 10–22 Uhr, Fr–Sa 10–23 Uhr, Silvester 10–21 Uhr, 24. u. 25. Dez. geschlossen. Schaufütterung: tägl. 11 und 15.30 Uhr.

Erwachsene/Kinder, Schüler, Studenten: 2 Std. 14 €/10 €, 4 Std. 18 €/14 €, Tageskarte 21 €/16 €, Kleinkinder frei; Sauna: 10 €. Schaufütterung: Teilnahmegebühr (ab 6 Jahren): 10 €.

71 Die Gurke auf dem Drahtesel – Gurkenradweg

Der Spreewald ist eine der faszinierendsten Landschaften Europas und überregional bekannt für seine Gurken. Wie sollten Radfreunde diese Region also erkunden, wenn nicht auf dem Gurkenradweg? – Eine Naturerlebnisfahrt der Sonderklasse!

Der insgesamt 264 Kilometer lange, bestens ausgebaute Radweg ist mit der „Rad fahrenden Gurke" ausgeschildert. Es geht an malerisch schimmernden Flüssen vorbei, durch verwunschene Erlenwälder und Dörfer, in denen die Zeit stillzustehen scheint. Weite Gemüsefelder säumen den Wegesrand, auf denen die traditionellen Gurken heranwachsen, die dem Weg zum Namen und der Region zu einem kulinarischen Erkennungszeichen verhalfen. Man sollte daher hier die Gelegenheit nutzen und sich ihren Weg zum Verbraucher bei einem Besuch einer Gurkeneinlegerei zeigen lassen – natürlich mit einer pikanten Produktverkostung.

Der Gurkenradweg gehört vor allem für Familien zu den beliebtesten Radwegen Deutschlands, da er kaum Steigungen hat und auf sehr verkehrsarmen Routen verläuft. Für die große Rundtour (5–8 Tage) oder eine Tagesetappe (40–60 km) empfiehlt sich ein Start in Cottbus, Lübben oder Lübbenau, da alle drei Orte mit dem Zug erreichbar sind. Letzterer ist das städtische Zentrum des Spreewalds mit Schlosspark und Kahnfährhäfen. Hier kann man im Spreewaldmuseum schon vieles über regionale Traditionen und Brauchtümer erfahren, die einem auf dem Weg begegnen. Und natürlich über die Gurken, denen im Ortsteil Lehde ein einzigartiges Museum gewidmet ist. Aber ganz gleich welche Etappe man wählt, der Zauber des Spreewalds fährt mit.

ⓘ Tourismusverband Spreewald, Raddusch, Lindenstraße 1, 03226 Vetschau/Spreewald; Tel.: 035433/72299; spreewald.de

Gurkenradweg: Der Tourismusverband Spreewald bietet organisierte Touren an (z. B. mit Übernachtungen, Gepäcktransfer, Fahrräder, Karte, Eintrittskarten, etc.).

Romantisch durchs Labyrinth – Kahnfahrt im Spreewald 72

Der Kahn gleitet lautlos dahin, Dunst zieht auf und bis auf das Glucksen der Stocherstange herrscht Stille. Es ist, als ob sich die aufragenden Erlen im Feuerschein bewegen, man rückt näher zusammen, Gläser erklingen. Der Spreewald ist wahrlich mystisch.

Spätestens seit sich Theodor Fontane bei seiner Wanderung durch die Mark durch den Spreewald staken ließ, gehört eine Kahnfahrt einfach zum Programm. Das Angebot reicht von zwei- bis neunstündigen Ausflügen, von der Kaffee- oder Grillkahnfahrt über Abend- oder Stadtkahnfahrt bis hin zur ausgedehnten Hochwaldkahnfahrt. Das weit verzweigte Netz an Flüssen bietet eine unglaubliche Vielfalt. Es geht vorbei an malerischen Dörfern wie Lehde, das Fontane einst als „Venedig im Taschenformat" bezeichnete, weiter durch das einmalige, lagunenartige Wasserlabyrinth, das unter dem Schutz der UNESCO steht. Friedliche Auen, imposante Wälder und dann, inmitten der urwüchsigen Natur, tauchen urige Waldgaststätten auf, die mit einzigartiger Atmosphäre und leckeren Gerichten zum Verweilen einladen. Eine Kahnfahrt durch den Spreewald ist gelebte Tradition.

CLARA HIMMEL

Im Spreewald gibt es natürlich auch Schlösser zu entdecken. Warum also nicht noch einen Abstecher nach Lübben machen und sich im **Museum Schloss Lübben** über die Geschichte der Stadt und des Spreewalds informieren? Keinesfalls verpassen sollten Sie dabei den historischen Wappensaal! Kontakt: Stadt- und Regionalmuseum Lübben, Ernst-von-Houwald-Damm 14, 15907 Lübben; Tel.: 03546/187478; museum-luebben.de

ⓘ Touristinformation, Ehm-Welk-Straße 15, 03222 Lübbenau/Spreewald; Tel.: 03542/3668; luebbenau-spreewald.de und spreewald.de/kahnfahrten

🕓 Apr.–Okt. je nach Auslastung, individuelle Fahrten jederzeit möglich; Nov.–März tägl. 11 Uhr und 13 Uhr.

€ Kurzfahrt Lehde (ca. 2 Std.): 12 €, Kinder 6 €; Hochwald-Kahnfahrt (ca. 8–9 Std.): 28 €, Kinder 14 €; weitere Preise auf der Website.

73 Ein wahrer Gesundbrunnen – Spreewald-Therme Burg

Schon das auffällige Schlangen-Wappen der Gemeinde Burg im Spreewald verweist darauf, dass hier der gesunden Lebensführung ein besonderer Stellenwert eingeräumt wird. Herzstück des heilkräftigen Tuns ist die hiesige Spreewald-Therme, die zu den modernsten und schönsten Wellnessanlagen des Landes zählt.

Das gesundheitsfördernde, salzhaltige Nass des Thermalbades wird direkt vor Ort gefördert. Es entspringt in 1.350 Metern Tiefe und gehört mit einem Salzgehalt von 23,9 Prozent zu den reichhaltigsten Solen der Region. Über der Quelle lädt eine einzigartige Architektur dazu ein, das Baden in dieser Spreewälder Thermalsole neu zu entdecken. Im SoleBad stehen sieben Badebecken und ein Warmaußenbecken mit Strömungskanal zur Verfügung. Bei Temperaturen zwischen 18 und 38 Grad sowie unterschiedlichen Solekonzentrationen kann jeder sein Genussgewässer für Aktivität und Erholung finden. Nackenduschen, Sprudelsitze und -liegen, Gießeimer, Wasserpilz und Massagedüsen, Unterwassermusik, Dampfbad und Sole-Inhalation in Gurkenfässern vervollständigen das Angebot. In sieben unterschiedlich ausgestatteten und temperierten Saunen lässt sich prima entspannen und die Vielfalt des Saunierens probieren. Wie wäre es mit der rustikalen 90-Grad-Kräutersauna, dem in wechselndes Farblicht getauchten Sanarium oder der urigen Feuersauna mit finnischer Lagerfeuerromantik? Für noch mehr Abwechslung sorgen verschiedene Aromaaufgüsse in der Spreewaldsauna mit großem Steinofen. Zwischendurch nippt man frisch gepresste Säfte oder andere erfrischende Drinks an der „Saunabar“. Hier kann man den Spreewald wahrlich mit allen Sinnen genießen. Nicht nur aufgrund der riesigen Panoramafenster, die einen direkten Blick in die Landschaft erlauben, sondern auch, weil viele der verwendeten Produkte und Essenzen aus der Region stammen. Neben der Spreewaldsole, Gurkenextrakt, Leinöl und Spreewaldkräutern verspricht auch die wohltuende Körperpackung mit naturbelassenen Spreewaldalgen Spreewald pur.

Spreewald Therme GmbH, Ringchaussee 152, 03096 Burg (Spreewald); Tel.: 035603/18850; spreewald-therme.de

tägl. 9–22 Uhr, Fr bis 24 Uhr, 24.12. bis 16 Uhr, 31.12. bis 20 Uhr.

SoleBad: 2 Std. 14 €, 3 Std. 18 €, 4 Std. 22 €, Tageskarte 26 €; SoleBad und SaunaGarten: 2 Std. 19 €, 3 Std. 23 €, 4 Std. 27 €, Tageskarte 31 €; Kindertarif SoleBad (0–9 Jahre): 2 Std. 7 €, 3 Std. 9 €, 4 Std. 1 €, Tageskarte 13 €; Behindertentarif: Behinderte mit einem „B" im Ausweis erhalten für die Begleitperson freien Eintritt. Abendtarif: Di, Do, So ab 19 Uhr 3 Std. zum Preis von 2 Std., außer feiertags.

74 Das größte Fest am Karpfenteich – Peitzer Fischerfest

Wenn es am Teufelsteich zappelt, klatscht und spritzt, dann geht es den Karpfen an die Kiemen. Immer am zweiten Wochenende im August wird mit dem abendlichen Abfischen am Teufelsteich und dem anschließenden Höhenfeuerwerk das größte Volksfest der Region eröffnet: das Peitzer Fischerfest.

Die 1954 erstmals umgesetzte Idee, den Peitzer Karpfen mit einem Fest zu huldigen, kam natürlich nicht von ungefähr, wird doch rings um Peitz schon seit Jahrhunderten erfolgreich Fischzucht betrieben. Fast genau 400 Jahre zuvor waren hier schon die größten Karpfenteiche angelegt worden. Seit jenen Tagen, als Karpfenfleisch sechsmal teurer war als Schweinefleisch und nur in Klöstern oder Adelshäusern auf den Tisch kam, hat sich vieles verändert. Die Beliebtheit des Schuppentiers hat stark nachgelassen, selbst als traditionelles Weihnachts- oder Silvestermenü. Doch nach wie vor sind die Peitzer Fischteiche mit rund 1.000 Hektar eines der größten zusammenhängenden Teichgebiete des Landes und ein bedeutendes Zentrum der Fischereiwirtschaft – Grund genug, dass alljährlich Zehntausende Besucher nach Peitz kommen, um hier den Karpfen zu feiern. Dann riecht es überall nach frisch geräuchertem Fisch und den flanierenden Gästen wird der breitmäulige Wasserbewohner nach allen Regeln der Kunst schmackhaft gemacht. Neben der Krönung der Teichnixe, dem festlichen Umzug und musikalischen Frühschoppen, zahlreichen Fahrgeschäften und dem unterhaltsamen Bühnenprogramm ist das Tunierangeln der hiesigen Vereine besonders erlebenswert. Eine große Gaudi ist auch das Fischerstechen, bei dem lustig kostümierte Mannschaften in ihren Fischerkähnen versuchen, den gegnerischen Stecher von seinem Podest zu stoßen. Übrigens: Besucher können beim Abfischen zur Eröffnung das Gesamtgewicht der Fische schätzen, die mit dem Netz aus dem Wasser geholt werden. Wer das möglichst genau vorhersagen kann, darf sich über einen schwergewichtigen Flossenträger freuen. Die besten Rezepte dafür bekommt man gratis, die kennt hier schließlich jeder.

Peitzer Fischerfestverein e.V., Dorfstrasse 19, 03185 Schönhöhe; peitzerfischerfest.de; Touri-Info, Markt 1, 03185 Peitz; Tel.: 035601/8150; tourismus.peitz.de

Peitzer Fischerfest: zweites Wochenende im August.

€ frei.

75 Abwärts düsen, nach oben fliegen – Erlebnispark Teichland

Auf zur Bärenbrücker Höhe, hier warten Spaß, Sport und jede Menge Spannung. Wer einer Riesengiraffe auf den Kopf steigen und dem mystischen Schlangenkönig begegnen möchte, wer durch die Lüfte fliegen und im Wasser toben will, ohne nass zu werden, ist im Teichland Erlebnispark genau richtig.

Seit seiner Eröffnung 2008 hat sich der Erlebnispark am Westhang der Bärenbrücker Höhe zu einem beliebten Ausflugsziel für die ganze Familie gemausert. Der Weg durch den Park führt vorbei an der geologischen Erdzeituhr und dem Spielplatz mit Holzmammut bis hin zum Slawischen Götterhain, den acht überlebensgroße Figuren aus der slawischen Mythologie bewohnen. Dann geht es 272 Stufen hoch auf den Aussichtsturm, der einen einmaligen Rundumblick über die Lausitz bietet. Wer sich nicht in 50 Meter Höhe wagt, darf die Aussicht ohne Treppensteigen im Panoramaraum erleben. Unten ist der Irrgarten zu sehen. Wer findet den verschlungenen Weg durch das Labyrinth? Über den „Pfad der kleinen Götter" geht es dann mitten hinein ins sportliche Vergnügen. Traut sich jemand die 16 Meter hohe Klettergiraffe zu bezwingen oder den Hang mit einem MonsterRoller hinabzudüsen? Das ist nichts für schwache Nerven! Wer will beim BungeeTrampolin in die Luft gehen, auf einem Reifen durch die vier Steilkurven der Tubingbahn flitzen oder in zwei Meter großen Riesenbällen über das Wasser laufen? Höhepunkt ist natürlich eine Fahrt in der 900 Meter langen Sommerrodelbahn mit Jumps und Steilkurven. Manche Schlitten haben bis zu 40 Sachen drauf! Die neueste Attraktion ist der Zipline-Parcours. Hat man die teils über acht Meter hohen Plattformen erklommen, kann man mit Seilbahnen weiterfliegen. Der längste Flug erstreckt sich über eindrucksvolle 81 Meter und ist nur etwas für wirklich Wagemutige. Möglicherweise sollte man es sich doch noch einmal überlegen, vielleicht bei einer Partie Minigolf? 18 Bahnen sind schließlich auch eine Herausforderung.

ⓘ Erlebnispark Teichland, Zum Erlebnispark, 03185 Teichland OT Neuendorf; Tel.: 035601/31729; erlebnispark-teichland.de

🕓 1. Apr.–31. Okt. Mo–So 10–19 Uhr, März und Nov. Mi.–So 11–17 Uhr.

€ frei, einzelne Attraktionen sind bei Benutzung kostenpflichtig.

76 Himmelsstürmer in Calau – Adler- und Jagdfalkenhof

Sie haben den schärfsten Blick von allen und wenn sie zugreifen, dann richtig. Die Fänge sind ungemein kräftig, die Krallen mehrere Zentimeter lang und sehr scharf und auch die Schnäbel sind nicht nur zur Zierde. Greifvögel sind beeindruckende Geschöpfe, sie ganz nahe zu erleben ist unvergleichlich.

JENS HERRMANN

Wenn Weißkopfseeadler „Akando" direkt vor einem startet und sich mit seinen mächtigen Schwingen rasch emporschwingt, kann man seine Kraft erahnen. Im Nu ist der majestätische Vogel über den Baumwipfeln. Meist genügt ein einziger Ruf des Falkners, um ihn zur Umkehr zu bewegen. Wie der Blitz ist er wieder da und lässt sich auf der Faust seines Trainers nieder. Und das war nur ein Teil der Show. Steinadler „Jacko" und Wüstenbussard „Jimmy", Uhu „Erna" und Gerfalke „Kira" haben auch noch ihre Auftritte und beweisen eindrucksvoll, wer die wahren Himmelsstürmer sind. Auf engstem Raum zeigen die Luftakrobaten blitzschnelle Loopings oder gewagte Abfangmanöver, legen atemberaubende Sturzflüge hin oder streichen lautlos über die Köpfe der Zuschauer hinweg. Neben den regelmäßigen Flugshows gibt es auch die Möglichkeit, gleich einen ganzen Tag mit dem Falkner zu verbringen.

Ganz in der Nähe von Calau finden Sie in Altdöbern das märchenhafte **Schloss Altdöbern** mit Park und Orangerie. Das Schloss selbst kann noch nicht besichtigt werden, doch die malerisch gestaltete Gartenanlage lädt zum Spazieren und Verweilen ein. In der Orangerie können Sie den Tag bei einem vielfältigen kulinarischen Angebot ausklingen lassen. Kontakt: Orangerie Altdöbern, Am Park, 03229 Altdöbern; Tel.: 035434/660776; amt-altdoebern.de

ⓘ Adler- und Jagdfalkenhof zur Calauer Schweiz, Bahnhofstr. 23, 03205 Calau OT Werchow; Tel.: 0172/3572180; adlerundjagdfalkenhof.de

Flugshows: Jedes erste Wochenende (Sa und So), Einlass 14 Uhr, Beginn 15 Uhr.

€ 8 €, Kinder 6 €; ein Tag mit dem Falkner: 175 €.

Gegen Raum und Zeit – Escape Room in Cottbus 77

Die Tür fällt zu – Zeitsprung ins Jahr 2035! Alles ist grau, auf dem Boden liegen Felsbrocken und merkwürdige Gerätschaften. Ganz klar, das Team ist auf dem Mond notgelandet und hat nur 60 Minuten, um die Bodenstation auf der Erde zu informieren, sonst ist alles aus. Die Uhr, sie tickt schon …

Rätsellösen ist zu einem Freizeittrend geworden, bei dem es um die kluge Kombination von Kreativität, Geschicklichkeit und Teamgeist geht. Was schon seit einiger Zeit in den Metropolen der Welt für Begeisterung sorgt, ist nun auch im Escape Room Cottbus zu erleben. Was als Videospiel begann, findet heute in der Realität statt! Eine Gruppe aus Kollegen oder Freunden (ab 14 Jahren) wird ganz real in einen Raum gesperrt, in dem sie eine Reihe von Rätseln und Aufgaben lösen muss, um dem Raum innerhalb von einer Stunde entfliehen zu können. Es ist ein lebensechtes Fluchtspiel bei dem sich Rätselfreunde völlig neuen Herausforderungen stellen und jedes Team eine Bewährungsprobe erlebt. Ein Supervisor beobachtet das Geschehen per Kamera und darf, falls es mal gar nicht laufen sollte, mit kleinen Hinweisen weiterhelfen.

Neben der „Mission Mond" kann sich das Rätselteam auch auf die Suche nach jenem revolutionären Wundermittel machen, das von einem merkwürdigen Professor entwickelt wurde, oder man erlebt einen Ausflug in den Spreewald, wo einst schreckliche Verbrechen geschahen und der Mörder nie gefasst wurde. Keiner der Räume gibt sich leicht geschlagen und nur gemeinsam kann es gelingen gegen den Raum und die Zeit zu bestehen. Ticktack, ticktack, ticktack …

ⓘ Escape Room Cottbus GmbH, Am Neustädter Tor 1, 03046 Cottbus; Tel.: 0176/21238857; escaperoomcottbus.de

🕓 Termine über die Website buchbar.

€ 2 Spieler 60 €, 3 Spieler 70 €, 4 Spieler 80 €, 5 Spieler 90 €, 6 Spieler 110 €; Duell-Modus: 2 Teams (max. 12 Pers.) in zwei Räumen plus 60 €; Triell-Modus: 3 Teams (max. 18 Pers.) in drei Räumen plus 60 €.

78 Die Mega-Medien-Amöbe – Uni-Bibliothek Cottbus

Amöben sind winzige Lebewesen ohne feste Körperform. Ein Giganto-Exemplar dieser Tierchen kann auf dem Uni-Campus Cottbus bewundert werden. Hoch aufragend, faszinierend schimmernd, scheinbar ohne Ecken und Kanten schufen die Architekten mit dem IKMZ ein futuristisches Wahrzeichen und tauften es „Amöbe".

Jedem, der dem Stereotyp nachhängt, Bibliotheken seien verstaubte und langweilige Einrichtungen, in denen nur gebundenes Papier vergangener Tage gebunkert wird, dem sei ein Ausflug nach Cottbus ans Herz gelegt. Auf dem Campus der Brandenburgischen Technischen Universität Cottbus wird seit 2004 der Gegenbeweis erbracht. Hier setzt das Informations-, Kommunikations- und Medienzentrum (IKMZ) neue architektonische und medientechnische Maßstäbe. Das insgesamt zehngeschossige Gebäude, acht der Etagen ragen 32 Meter in die Höhe, ist ein echter Hingucker. Zunächst irritiert der gekurvte, amöbenartige Grundriss, der dem Betrachter weder eine Vorder- noch Rückseite des Gebäudes bietet und somit mit gängigen Ansichten bricht. Bei näherem Hinsehen fällt die kurios gestaltete Glasfassade auf, die das gesamte Gebäude umhüllt. Sie wurde mit einem pixeligen „Buchstabensalat" aus den verschiedensten Sprachen der Welt beschichtet, der auf den Bildungsauftrag verweist. Und was die futuristische Immobilie von außen verspricht, das hält sie auch in ihrem Inneren. Für eine Bibliothek kann man die Gestaltung nur als spektakulär bezeichnen. Solch poppige Farben, die von grellen Pinktönen über Rot bis hin zu Neongrün reichen, mögen überraschen, unterstreichen jedoch das technisch hochmoderne Ansinnen dieser Stätte. Unbedingt sehenswert ist die zentrale Wendeltreppe, die wie ein Wirbel aus Knallgrün und Magenta bis in die sechste Etage führt. Die mit bedeutenden Preisen ausgezeichnete Architektur besticht schließlich auch mit ihren „inneren" Werten: einem Bestand von über 1,2 Millionen Medien aller Art. Bei Führungen kann man einen Blick hinter die Fassade der Brandenburgischen Mega-Amöbe riskieren.

IKMZ, Platz der Deutschen Einheit 2, 03044 Cottbus; b-tu.de

Mo–Fr 9–22 Uhr, Sa 9–13 Uhr, So 17–22 Uhr; Führungen: auf Anfrage 0355/692536, um Spenden wird gebeten.

€ Frei.

Das Gebäude des IKMZ ist behindertengerecht erschlossen. Horizontal sind keine Schwellen oder Stufen vorhanden, vertikal sind alle Aufzüge behindertengerecht dimensioniert.

79 Juris Sternentheater – Planetarium Cottbus

Umgeben von alten Parkbäumen schimmert am Cottbuser Lindenplatz eine silberfarbene Kuppel, unter der man eine Reise durch Raum und Zeit unternehmen kann. Das nach Juri Gagarin, dem ersten Menschen im All, benannte Planetarium der Stadt ist eines der modernsten in ganz Europa.

Das erste größere in der DDR errichtete Planetarium bietet interessierten Sternenguckern seit 1974 die Möglichkeit, einen Blick in die Unendlichkeiten des Weltraums zu werfen. Unabhängig von Tageszeit und Wetter lassen sich auf der Innenseite der 12,5 Meter weiten Kuppel fast alle Himmelserscheinungen veranschaulichen. 38 Jahre lang projizierte der „Spacemaster“ von Carl Zeiss aus Jena den Sternenhimmel an die Decke, bis 2013 das moderne Ganzkuppelvideosystem Chronos II den Job übernahm. Jetzt präsentieren rund 4.000 Sterne und weitere kosmische Objekte das Geschehen im Universum originalgetreu. Neben den verschiedenen Programmen für Groß und Klein, die wissenschaftliche Erkenntnisse anschaulich und verständlich vermitteln, können hier dank modernster Technik auch Filme, Musikshows oder experimentelle Theateraufführungen erlebt werden. Besonderer Beliebtheit erfreuen sich dabei die Sternengeschichten für Kinder, die virtuellen „Spaziergänge“ durch aktuelle Planetenkonstellationen und die „Kopfkino“-Hörspiele unter dem Sternenhimmel.

Insgesamt können sich 91 Besucher gleichzeitig in bequemen Sesseln verzaubern lassen, selbstverständlich auch Gäste mit Beeinträchtigungen. Zudem gibt es diverse Angebote zum Sternengucken in polnischer und englischer Sprache (Voranmeldung). Seit 2017 darf man unter der Kuppel sogar in die unendlichen Weiten eines ganz irdischen Universums eintreten und sich hier das Ja-Wort geben. Allerdings muss bei der Trauung aus rechtlichen – und verständlichen – Gründen das Licht an bleiben, nicht, dass es hinterher Beschwerden gibt. Oder wie wäre es mit einem eigenen Stern? Ab 25 € kann man eine Sternenpatenschaft übernehmen – ein echt himmlisches Geschenk.

Raumflugplanetarium Cottbus, Lindenplatz 21, 03042 Cottbus, Tel.: 0355/713109, planetarium-cottbus.de

siehe Veranstaltungsplan auf der Website.

ab 6 €, Kinder, erm. ab 4 €.

80 Altes Eisen mit Pfiff – Parkeisenbahn Cottbus

Ihre blauen Uniformen sitzen perfekt und sie haben alles im Griff. Dennoch sind die Fahrgäste der Cottbuser Parkeisenbahn häufig verwundert, wenn sie auf Aufsicht, Zugschaffner und Lokführer, Schrankenwärter, Stellwerker und Fahrdienstleiter treffen. Das sind doch …? Ja, in den Uniformen stecken Jugendliche.

Die engagierten Jungs und Mädels haben ein Hobby mit Pfiff, das schon seit den 1950er-Jahren Tradition ist. Damals hießen die jungen Leute, die an den technischen Anlagen der Cottbuser Parkeisenbahn ausgebildet wurden „Pioniere", heute nennen sie sich „Parkeisenbahner". Die Jugendlichen gehören zum Förderverein, der sich um den Betrieb und Erhalt der Cottbuser Parkeisenbahn kümmert, und sie übernehmen nach wie vor wichtige Dienstposten. Spätestens wenn die schwarze „Brigadelok 99 0001" von 1918 mit ihren angehängten Personenwagen schnaufend und zischend herankommt, kann man die Leidenschaft zum alten Eisen nachvollziehen. Die 3,2 Kilometer lange Strecke der Traditionsbahn ist wunderschön gelegen und verbindet einige der tollsten Sehenswürdigkeiten der Stadt. Insgesamt werden vier Bahnhöfe und zwei Haltepunkte bedient. Vom Bahnhof Sandower Dreieck zockeln die betagten Zugmaschinen mit ihrer Personenfracht auf schmaler Spur (Spurweite 600 mm) durch den Eliaspark und zum Stadion des FC Energie Cottbus, vorbei am Messezentrum, Parkcafé und dem Cottbuser Tierpark bis hin zur Endhaltestelle Branitzer Park. Da das Fahren unter Dampf sehr aufwendig ist, übernehmen die kleinen Dieselloks die Hauptarbeit. In Beige-Blau kommt die älteste daher, eine ehemalige Wald- und Inselbahnlok von 1934, die stärkste ist rot und bringt 57 PS auf die Schienen, während die zweiachsige 199-5 einfach nur niedlich ist. Sie trug schon alle Farben, weshalb man sie liebevoll „Osterei" nennt. Besonders lohnenswert sind die tollen Events wie die Osterhasenfahrt, die traditionelle Sommernachtsfahrt oder die gruslige Halloweenfahrt.

Parkeisenbahn Cottbus, Am Eliaspark 1, 03042 Cottbus; Tel.: 0355/756170; pe-cottbus.de; parkeisenbahn-verein.de

Saison: Mitte Apr.–Ende Okt., Fahrplan und Sonderfahrten siehe Website.

für eine Rundfahrt: 5 €, erm. (Kinder 3–14 Jahren, Schüler, Studenten, Azubis, Schwerbehinderte und Begleitpersonen) 3 €, Familienkarten (2 Erw. und bis zu 3 Kinder) 13,50 €, Gruppenkarten (ab 10 Personen) 4 €, Hund, Fahrrad, Kinderwagen: 1 €, Dampflokzuschlag: 1 €, Eventfahrten: 13 €, Saisonkarten ab 45 €.

81 Wenn der Tiger schläft – Nachts im Tierpark Cottbus

Wenn sich Tiger und Zebras gute Nacht gesagt haben und auch die anderen 170 Tierarten im Bett sind, strömen die Besucher in den Park. An einem Wochenende im Sommer öffnet der Tierpark Cottbus nach Parkschluss erneut die Tore und lädt ein zum stimmungsvollen Leise-Event „Nachts im Tierpark".

MARCUS KAISER

Und Cottbus hat noch so viel mehr zu bieten: Das **Staatstheater** beeindruckt nicht nur durch seine einzigartige Architektur, sondern vor allem durch sein vielfältiges Programm. Ob Schauspiel, Musiktheater oder Tanz im Großen Haus und auf der Kammerbühne, Aufführungen entspannt bei Essen und Trinken in der Theaterscheune oder das Sommertheater im Kasernenhof – hier ist garantiert für jeden etwas dabei. Kontakt: Staatstheater Cottbus, Lausitzer Straße 33, 03046 Cottbus; Tel.: 0355 7824/100; staatstheater-cottbus.de

Umgeben von einer herrlichen Parklandschaft an der Spree, öffnete der Heimattierpark Cottbus 1954 seine Pforten. Auf einer Fläche von 25 Hektar repräsentieren in Brandenburgs größtem Tierpark heute rund 1.300 Tiere die Artenvielfalt von sechs Kontinenten. Elefanten, Leoparden und Tiger sind hier ebenso zu Hause wie Zebras, Antilopen sowie Stelz- und Wasservögel. Am beliebtesten sind jedoch, zumindest bei den kleinen Besuchern, die Hängeohr- und Zwergziegen, die gemeinsam mit Schafen und Eseln im Streichelzoo warten. Höhepunkt eines jeden Tages sind die Schaufütterungen. Zum Highlight des Jahres haben sich die Tierparknächte entwickelt, bei denen Scharen von Besuchern abends durch den illuminierten Park schlendern. Da schimmern riesige Tentakeltiere, es glitzern kolossale Spinnennetze und in den Lagunen spiegeln sich faszinierende Lichtinstallationen. Es blinkt und leuchtet sogar eine ganze Armee Pinguine. Inmitten dieser besonderen Atmosphäre finden sich immer wieder Orte zum Verweilen. Besonders an all den kleinen Ständen, die mit diversen kulinarischen Spezialitäten locken, oder im gemütlichen Biergarten am Vogelteich. Stilvoller kann ein Besuch im Tierpark wohl kaum sein.

Tierpark Cottbus, Kiekebuscher Straße 5, 03042 Cottbus; Tel.: 0355/3555360; tierparkcottbus.de

tägl. 9–17.30 Uhr (März), 18.30 Uhr (Apr.), 19 Uhr (Mai–Sept.), 18 Uhr (Okt.), 17 Uhr (Nov.–Febr.), 14 Uhr (24. u. 31. 12.).

8 €, erm. 6,40 €, Kinder (3–16 Jahre) 4 €, Familienkarte (2 Erw. und bis zu 4 Kinder) 22 €; Führung 40 € zzgl. Eintritt; „Nachts im Park“: 15 €, erm. 12 €, Kinder 7,50 €, Familienkarte (2 Erw. und bis zu 4 Kinder) 40 €.

Der Tierpark Cottbus ist barrierefrei. Rollstühle für Gehbehinderte können am Eingang kostenlos ausgeliehen werden. Reservierung unter Tel.: 0355/7542372.

82 Viel mehr als Eis – Park und Schloss Branitz

Der Mann war ein exzentrischer Dandy und begnadeter Gartenkünstler, passionierter Weltenbummler, Feinschmecker und erfolgreicher Schriftsteller. Wer ihn nur als Namensgeber für ein Speiseeis kennt, hat etwas verpasst! Denn Hermann Fürst von Pückler-Muskau (1785–1871) war alles andere als gewöhnlich.

Auf den Spuren der wohl schillerndsten Persönlichkeit der Lausitz im 19. Jahrhundert kann man im Park und Schloss Branitz in Cottbus wandeln. Nachdem der Fürst seine Standesherrschaft Muskau veräußert hatte, begann er seinen alten Besitz Branitz nach englischem Vorbild zu gestalten. Es war ein gewaltiger Aufwand, da hier zuvor eine „Wüste" geherrscht hatte. Bevor auch nur eine einzige Pflanze gesetzt werden konnte, mussten gewaltige Ochsenkarren unglaubliche Mengen Mutterboden herbeischaffen, auf dem der Fürst sein „Meisterwerk" der Gartenkunst formte. Sanft geschwungene Wasserläufe, ideal gestaltete Gartenflächen und eine herrliche Blütenpracht laden noch heute zum ausgiebigen Spaziergang ein. Oder erleben Sie den Park bei einer Gondel- oder Kutschfahrt. Lassen Sie sich die einzigartige Erdpyramide von zwölf Metern Höhe inmitten eines künstlichen Sees nicht entgehen, die sich der unangepasste Adelige als Grablege errichten ließ.

Besuchen Sie auch das im Zentrum des Parks gelegene Schloss. Die einstige Residenz beherbergt heute ein Museum, in dem die Wohnräume des Fürsten und seiner Familie originalgetreu nachgestellt wurden. In den Orienträumen trifft man sogar Machbuba an, jene legendäre abessinische Prinzessin, die der tollkühne Fürst auf einem Sklavenmarkt kaufte und nach Branitz brachte. Hier lässt sich hautnah erfahren – z. B. bei einem imaginären Ballonflug –, wie der vielfältig begabte Fürst aus der Cottbuser „Wüste" eine Oase schuf, sich in den Salons der gehobenen Gesellschaft in Szene setzte und als Reiseschriftsteller zu Ehren kam. Ob bei einer Erlebnisführung, dem beliebten Gartenfestival oder Weihnachtsmarkt – Fürst Pückler lohnt immer, nicht nur als Dessert.

ⓘ Stiftung Fürst-Pückler-Museum Park und Schloss Branitz, Robinienweg 5, 03042 Cottbus; Tel.: 0355/75150; pueckler-museum.eu

🕓 Park: ganzjährig; Besucherzentrum: Apr.–Okt. tägl. 10–17 Uhr; Marstall: Apr.–Sept. tägl. 11–17 Uhr; Schloss: Nov.–März Di–So 11–16 Uhr, 24.12. geschl., Apr.–Okt. tägl. 10–18 Uhr

€ Besucherzentrum: 4,50 €, erm. 3,50€; Marstall: 3,50 €, erm. 2,50 €; Schloss: 6,50 €, erm. 4,50 €; Führungen (nach Anmeldung): 3 €, erm. 2 €; Erlebnisführung: ab 6 €; Gondelfahrt (Mai–Okt. erster Sonntag im Monat 11–16 Uhr): ab 9,50 €; Kutschfahrt durch Außengarten: cottbus-tourismus.de

83 Lass die Badehose sein – Der Cottbuser Ostsee

Ist ein See nicht eigentlich nur ein großes Loch mit Wasser drin? Ganz so einfach ist es wohl nicht, denn sonst hätten die Cottbuser ihren Ostsee wohl schon längst eingeweiht. Aber auch ohne Badehose im Gepäck ist die größte Landschaftsbaustelle Europas ein spannendes Ausflugsziel.

Wenn der Cottbuser Ostsee erst einmal fertig ist, wird von dem ehemaligen Braunkohletagebau Cottbus-Nord nichts mehr zu sehen sein. Ein 1.900 Hektar großer See mit feinstem Nass für Wasser- und Tauchsport, Badespaß und Fischerei soll das riesige Restloch vor den Toren der Fürst-Pückler-Stadt überdecken. Nachdem 2015 der letzte Kohlenzug aus dem Tagebau abgefahren war, übernahmen Bauarbeiter das Kommando, um den hochkomplexen Vorgang der Flutung vorzubereiten. „Einmal vollmachen, bitte", funktioniert leider nicht. Um Seegrund und Uferböschungen seetüchtig zu machen, wurden über 20 Millionen Kubikmeter Erdreich bewegt. Dann hieß es „Wasser marsch" und die Spree tut seitdem, was sie kann, um den See aufzufüllen. Man rechnet mit mindestens fünf bis sechs Jahren Flutzeit. Bis hier tatsächlich die Badehose zum Einsatz kommt, kann man sich an verschiedenen Stellen über den spannenden Entstehungsprozess und die beabsichtigten Pläne für den Ostsee informieren. Erfahren Sie mehr über Blockholz-Hochhäuser, schwimmende Gebäude, Radwege auf Photovoltaikplatten u.v.m., womit Cottbus die Vorreiterrolle für eine CO_2-neutrale Region einnehmen möchte. Einen idealen Überblick bietet der Aussichtsturm nahe Cottbus-Merzdorf, wo mit dem innovativen Hafenquartier eine kleine Öko-City für Übermorgen entsteht. 173 Treppenstufen führen auf die 31 Meter hohe Plattform, von der aus man einen atemberaubenden Ausblick über den See in spe hat. Die zahlreichen Ausflugsmöglichkeiten und anderen Ziele, die demnächst das Ostseeufer zieren, werden mit einem 24 Kilometer langen Radrundweg verbunden, der bereits heute in Teilen benutzt werden darf. Und irgendwann lohnt es sich, auch die Badehose einzupacken.

ⓘ Cottbuser Ostsee, Aussichtsturm Merzdorf, 03042 Cottbus-Merzdorf; cottbus-tourismus.de

Den Turm kann man zu jeder Jahres- und Tageszeit kostenlos besteigen.

84 Bei der Königin der Blumen – Ostdeutscher Rosengarten

Wenn der Deutsche Kaiser sein silbernes Thronjubiläum begeht, dann kann man ihn schwerlich nur mit einem Blumenstrauß, und seien es die schönsten Rosen, entzücken. Also bekam Wilhelm II. im Jahr 1913 gleich einen ganzen Garten mit Zehntausenden Rosenstöcken spendiert, der die Besucher bis heute verzaubert.

Der Ostdeutsche Rosengarten, direkt an der Lausitzer Neiße gelegen, ging aus einer Rosen- und Gartenbauausstellung des Jahres 1913 hervor. Es entstand eine Garten- und Parkanlage, in der neben dem eigentlichen Rosengarten auch verschiedene Themengärten die botanische Vielfalt und Gartenkunst würdigten. Zum Ausstellungsgelände gehörten schon damals zwei Flussinseln, auf denen im Stil der englischen Landschaftsarchitektur ein sehenswertes Ensemble Gestalt annahm, das mit allerlei Zierbrunnen und Wasserspielen, Skulpturen und Säulengängen ausgeschmückt wurde. Dank des großen Publikimserfolgs blieb der Garten schließlich erhalten und wurde unter Ehrenschutz gestellt.

Rasch entwickelte sich Forst zum Treffpunkt der deutschen Rosenfreunde, die hier zahlreiche Versammlungen, Blumenschauen und sogar Festspiele im Namen der Rose abhielten. Nach diversen Instandhaltungs- und Rekonstruktionsarbeiten der letzten Jahrzehnte präsentiert der Rosenpark heute auf einer Gesamtfläche von 17 Hektar mehr als 1.000 Rosensorten. Highlight in den Sommermonaten ist der Neuheitengarten mit vielen neuen Sorten der bekanntesten deutschen und internationalen Rosenschulen. Die familienfreundliche und barrierefreie Anlage gilt als eines der beliebtesten Ausflugsziele im Land Brandenburg. Sie wurde 2009 sogar als „Deutschlands schönster Park" ausgezeichnet. Vom Frühsommer bis in den Oktober erfreut die Königin der Blumen die Besucher mit traumhaften Farbspielen und betörenden Düften. Höhepunkt sind die Rosengartenfesttage im Juni, an denen neben einer Schnittrosenschau und der „Nacht der 1.000 Lichter" auch die Forster Rosenkönigin gekürt wird. Übrigens werden nicht nur verträumte Nachtführungen bei Fackelschein angeboten, hier darf man sich sogar trauen lassen – einfach märchenhaft!

Ostdeutscher Rosengarten Forst (Lausitz), Wehrinselstraße 42, 03149 Forst (Lausitz); Tel.: 03562/989350; rosengarten-forst.de

Wehrinselpark und Reisigwehrinsel: ganzjährig ab 9 Uhr; Rosenpark: 1. Mai–30. Sept. 9–19 Uhr, 1. Okt.–30. April 9–17 Uhr; Rosengartenfesttage: letztes Juni-Wochenende.

€ Wehrinselpark und Reisigwehrinsel: frei; Rosenpark: 1. Mai–30. Sept.: 5 €, erm. 2,50 €, Familienkarte (2 Erw. und max. 4 Kinder) 12 €, Kinder bis zum 6. Lebensjahr frei; 1. Okt.–30. April: Eintritt frei.

85 Das kristallene Paradies – Glaspyramide „Cristalica“

In der Niederlausitz wird man Ihnen erzählen, dass hier, unter einer gläsernen Pyramide verborgen, ein traumhaftes Kristallparadies zu finden sei! Es mag sich nach einer uralten Zwergensage anhören oder einem Abenteuer des Schlapphutarchäologen Indianer Jones, doch es entspricht ganz der Wahrheit.

Die Brandenburger wissen wirklich zu überraschen. Nichtsahnend fährt man durch den südlichsten Zipfel der Niederlausitz, der über Jahrhunderte vom Braunkohlebergbau geprägt wurde und lange ein Zentrum der Glasproduktion war. In Döbern schließlich, einer typischen brandenburgischen Kleinstadt, kann man sie dann erblicken: eine rund 18 Meter hohe gläserne Pyramide. Sie ist ein markantes Symbol für die bewegte Vergangenheit der Glashüttenstadt und das touristische Highlight des Ortes. Hier hat Döberns letzte Heißglasproduktionsstätte ihren Sitz, die unter dem Namen „Cristalica“ die Kunst und die Tradition des Glasmachens bewahrt. In der Glaspyramide befindet sich jenes sagenhafte Kristallparadies, das die Herzen aller Glasfans und -sammler höherschlagen lässt. Auf 2.000 Quadratmetern Ausstellungs- und Verkaufsfläche funkeln und glitzern mundgeblasene Gefäße, Dekorationen und Figuren, Bleikristall und Porzellan in allen erdenkbaren Formen und Farben um die Wette. Hier gibt es keinerlei Massenware, die über 10.000 gezeigten Artikel wurden sämtlich in Einzelstückfertigung hergestellt. Neben dem beeindruckenden Shoppingerlebnis lassen sich viele Besucher bei Werksführungen für die traditionelle Kunst der Glasherstellung begeistern. Dabei kann man nicht nur den Arbeitsplatz eines erfahrenen Glasmachers besuchen und erleben, wie aus einem 1.400 °C heißen, geschmolzenen Glasklumpen ein kunstvolles Objekt entsteht. Hier darf man in besonderen Glasmacherkursen sogar selbst Hand anlegen und sich sein persönliches Unikat anfertigen. Dann fühlt es sich doch ein wenig so an, als sei man in die Welt jener uralten Sagen geraten. Und dann noch die märchenhaften Rabatte im Outlet … Traumhaft.

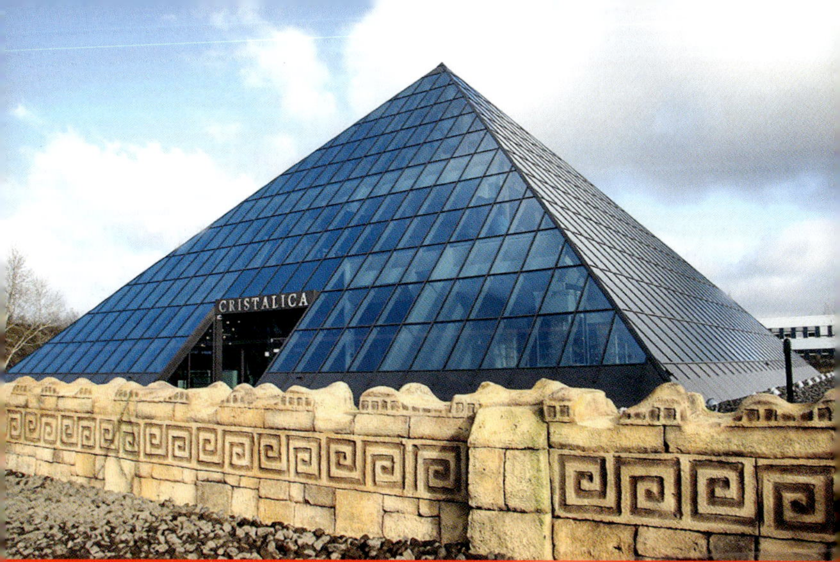

Cristalica GmbH, Ringstrasse 26, 03159 Döbern; Tel.: 0355/289442126; cristalica.de

tägl. 10–18 Uhr (außer Karfreitag, Oster- und Pfingstsonntag, Volkstrauertag, Totensonntag und an den Feiertagen im Dez.).

€ Fabrikführung: 5,50 €, mit Live-Herstellung: 8 €; Glasmacherkurs: 30 Min. 45 € (zwei Unikate), 60 Min. 88 € (drei Unikate).

86 Auf dem Schokoladenweg – Confiserie Felicitas in Spremberg

Für viele Naschkatzen wären es wohl paradiesische Zustände, bestünden Handys und Stifte, Autos und sogar Flugzeuge aus feinster Schokolade. Und natürlich auch Gartenzwerge, Fußballschuhe und die Grußkarte an Tante Hannelore. Das alles und noch viel mehr gibt es im Schokoparadies am Schokoladenweg.

Ein wenig hört es sich an wie dieses Kino-Märchen: Eine junge Belgierin möchte sich einen Traum erfüllen und in idyllischer Umgebung Schokoladenträume wahr werden lassen. Also erlernt sie das Handwerk des Chocolatiers bei einem bekannten Meister dieser Zunft und eröffnet in der lauschigen Abgeschiedenheit von Hornow bei Spremberg die Confiserie Felicitas. Aus den bescheidenen Anfängen in einer leer stehenden LPG-Küche zu Beginn der 1990er-Jahre erblüht eine mehrfach ausgezeichnete und prämierte Schokoladenmanufaktur, die überregional zu begeistern weiß. Felicitas SchokoLadenLand ist längst eine Pilgerstätte für Fans von Pralinen und Schokolade aus allerfeinsten Zutaten. Neben exklusiv gefertigten Schokotafeln und in Handarbeit beschrifteten Schokokarten hat sich die Lausitzer Manufaktur auf kleine Kunstwerke aus bester belgischer Rohschokolade spezialisiert. Für jeden Anlass, jeden Geschmack und jeden Appetit auf kleine Sünden haben die Chocolatiers kreative Ideen auf Lager. Aus dem zartschmelzenden Leckerstoff werden sogar Porträts und individuelle Schriftzüge gezeichnet. Im SchokoLadenLand können die köstlichen Kreationen jedoch nicht nur probiert und erworben werden, in einer Mitmach-Schauwerkstatt kann man live verfolgen, wie so eine essbare Grußkarte entsteht. Besser noch, und sehr viel leckerer, man probiert die Schokomalerei gleich selbst aus oder gießt sich einen Schoko-Dinosaurier. Wahre Nasch-Gourmets hingegen melden sich zum Pralinenseminar an, um einmal eigenhändig verschiedene Pralinensorten herzustellen – Diplom inklusive. Dafür sollten Sie sich frühzeitig anmelden, Sie wissen schon, im Schokoladenweg.

Confiserie Felicitas GmbH, Schokoladenweg 1, 03130 Spremberg OT Hornow; Tel.: 035698/805550; confiserie-felicitas.de, SchokoLadenLand.de

Mo–Sa 8–18 Uhr, So 14–18 Uhr, an Feiertagen geschlossen.

Verkostung: Schoko: 3,50 €, Pralinen: 5 €; Schoko-Malerei: ab 4,50 €, Schauwerkstatt: ab 5,60 € p. P., Pralinenseminar (4 Std.): 90 €, kleines Seminar (2 Std.): 45 € p. P.

87 Schnelle Runden ohne Limit – Kartbahn im Freizeitpark Löschen

Das Sodi RX250 ist der heißeste Renner im Stall. Aus 250 ccm entwickelt der Viertakt-Einspritzmotor 22 PS, die das Gokart gnadenlos nach vorn preschen lassen. Mit 110 km/h Spitzengeschwindigkeit ist das Kart längst kein Spielzeug mehr, sondern ein kraftvolles Renngefährt. Grün! Start! Gas!

Im Freizeitpark Löschen unweit von Cottbus liegt Motorrennsport in der Luft. Es riecht nach Benzin und Gummi, Motoren heulen, Slicks quietschen durch die Kurven, Zuschauer jubeln. Die 30.000 Quadratmeter große Kartbahn verspricht puren Fahrspaß für Groß und Klein. Allein der acht Meter breite Rundkurs mit 920 Metern Länge, überhöhten Kurven, Curbs und anspruchsvollem Verlauf garantiert in allen Leistungsklassen ungeahnte Adrenalinkicks. Der Rundenrekord auf einem 9-PS-Boliden liegt knapp über 51 Sekunden! Gerade mal 30 Millimeter über dem Spezialasphalt dahinjagen, die Konkurrenz gefühlt noch dichter im Nacken – das ist ein unbeschreibliches Fahrerlebnis. Wo sonst kann man Motorsport so unmittelbar erleben?

Stehen die Karts einmal still, dürfen auch Modellbauer, Inline-Skater und Minibike-Fahrer auf der Strecke Trainingsrunden absolvieren. Natürlich dreht sich in diesem Motorsportparadies alles um Bewegung, Geschwindigkeit und Wettkampf. Schon die kleinsten Motorfreunde können mit knuddeligen Tieren in der „Funny Farm“ und mit Elektroautos losdüsen oder als Co-Piloten im Doppelsitzer-Kart mitfahren. Das gilt übrigens auch für Personen mit Handicap. Im „Hurricane“ kann man in verrückten 360-Grad-Dreh-Gefährten, die mit zwei Joysticks gesteuert werden, beweisen ob man schwindelfrei ist. Und wer sich für den Modell-Rennsport begeistert, kommt im „RC Adventure Park“ auf seine Kosten. Hier darf man seine Geschicklichkeit am funkferngesteuerten Monstertruck testen oder man liefert sich mit Top-Speed-Porschemodellen spannende Fahrduelle. Zur ausführlichen Rennanalyse bietet das „Race Café“ die beste Aussicht auf die Kart-Strecke.

Freizeitpark Löschen, Löschener Dorfstraße 33, 03116 Drebkau,
Tel.: 035602/21908, gokart-cottbus.de

Mo-Fr 10-19 Uhr, Sa, So 10–20 Uhr (plus 10° C, regen- und schneefrei).

10 Min.: Fun-Kid (4 PS): 10 €, Sodi-Kart (9/18 PS): 14 €/16 €, 2Drive-Kart: 20 €.

88 Auf Isegrims Spuren – Wolf-Exkursionen in der Lausitz

Es dämmert bereits. Hinter einem Gebüsch hat sich eine kleine Gruppe versammelt. Sie tragen Wanderschuhe, Outdoorjacken und kleine Rucksäcke und warten. Gespannte Stille, ein Fernglas macht die Runde. Plötzlich flüstert einer, worauf alle warten: „Wolf!"

Der graue Räuber ist zurück in deutschen Wäldern. Nachdem der „Eiserne Vorhang" gefallen war, wanderten vor etwa 20 Jahren die ersten Wölfe von Polen nach Deutschland, wo sie im 19. Jahrhundert ausgerottet worden waren. Seitdem ist der Bestand auf rund 70 Wolfsrudel und -paare angewachsen. Doch was den Naturschützer freut, sorgt bei Jägern, Bauern und Schäfern für Unmut. Zwar ernährt sich Isegrim hauptsächlich von Rehwild und Wildschweinfrischlingen, lässt jedoch auch die Chance auf Schaf und Rind nicht ungenutzt verstreichen. Ein Problem, verständlicherweise. Dennoch geht von dem grauen Jäger aus den Volkssagen und Märchen eine große Faszination aus und für viele Naturfreunde ist es ein Wunschtraum, einmal einen Wolf in freier Wildbahn zu sehen. Besonders die Lausitz an der Grenze zu Polen hat sich daher zu einer wahren Wolferlebnisregion entwickelt, in der geführte Exkursionen angeboten werden (z.B. von „wolfland tours"). Erfahrene Biologen führen kleine Gruppen ins Wolfsgebiet und suchen nach Hinweisen und Spuren, die protokolliert und wissenschaftlich ausgewertet werden. Hier erfährt man aus erster Hand Aktuelles zur Wolfsforschung und erlebt hautnah, was Wolfsschutz und -management bedeuten. Allerdings ist der Vorfahre unserer Hunde höchst vorsichtig unterwegs, sodass zumeist lediglich Markierungen und Pfotenabdrücke seine Anwesenheit bezeugen. Doch die Lausitz bietet ideale Bedingungen und die kundigen Naturführer kennen ihr Wolfsland so gut, dass auch immer wieder Direktbeobachtungen gelingen. Eines ist sicher: Für jeden, der sich einmal auf Isegrims Spuren begibt und ihn sogar leibhaftig zu sehen bekommt, ist es ein unvergessliches Erlebnis.

ⓘ wolfland tours; Tel.: 0157/71898336; kontakt@wolflandtours.de; wolflandtours.de

Individuelle Tagesexkursionen oder Wolf-Erlebniswochenende für je max. 6 Personen, Termine und Preise auf Anfrage

89 Ringelturm und Ostseefeeling – Hotel und Lokal „DerLeuchtTurm“

Sich im Strandkorb gemütlich zurücklehnen, den Blick über das weite Wasser schweifen lassen, den Segelbooten bei ihren Manövern zuschauen und im Hintergrund ein rot-weiß gestreifter Leuchtturm ... Es fühlt sich an wie Meer am Geierswalder See, und ja, eigentlich befinden wir uns an diesem Ort schon in Sachsen.

Das Restloch, aus dem einstmals Braunkohle im Tagebau gefördert wurde, wird heute von einer etwa 620 Hektar großen Wasserfläche bedeckt, an deren Ufern sich vielfältige touristische und wassersportliche Angebote etabliert haben. Ein Abstecher lohnt sich unbedingt zum „LeuchtTurm“, der sich über 20 Meter hoch am Südufer des Geierswalder Sees erhebt. Die maritime Hotelanlage mit ihrer markanten, rot-weiß-geringelten Landmarke wurde 2014 eröffnet. Im Zentrum befindet sich auf zwei Etagen das Lokal „MehrSeen“. Behütet von der Geierswalder Seenixe kann man sich hier vor bestem Seepanorama verwöhnen lassen. Wer es ein wenig ungestörter mag, dem sei die separate Kapitänskajüte empfohlen. Hier wird von September bis Mai das „Käptn’s Dinner“ für kleine Anlässe (4–7 Personen) serviert. Größere Festlichkeiten oder Tagungen mit bis zu 100 Sitzplätzen finden im besonderen Flair des „Bootshauses“ statt. Und wer sich am Ende des Tages noch nicht vom maritimen Feeling verabschieden möchte, dem wird gerne Unterkunft gewährt. Insgesamt verfügt der Komplex über 20 Doppelzimmer, vier Ferienwohnungen und die Admiralssuite. Wahrlich prachtvolle Perspektiven darf man zweifelsohne im Turmzimmer mit seinen drei Etagen erwarten. Auf dem 360°-Rundum-Balkon hat man eindeutig einen Logenplatz mit allerbesten Aussichten.

ⓘ DerLeuchtTurm-Gastro GmbH, Zum Leuchtturm 1, 02979 Elsterheide OT Geierswalde; Tel.: 035722/95000; leuchtturm-lausitz.de

🕓 „MehrSeen“: So–Do 7–22 Uhr, Fr und Sa 7–23 Uhr.

€ Doppelzimmer ab 109 €, Turmzimmer 178 €.

💡 Direkt neben der Seeterrasse befindet sich ein behindertenfreundliches Doppelzimmer mit Seeblick.

Mit allem Pipapo – Schwimmende Ferienhäuser 90

Ob Hotel, Ferienwohnung oder Campingplatz – das Lausitzer Seenland bietet für jeden Geschmack und Geldbeutel die passende Unterkunft. Das Höchstmaß an maritimem Komfort findet man jedoch in den schwimmenden Häusern im Geierswalder See, der teils in Brandenburg, teils im Freistaat Sachsen liegt.

Wo einst hart geschuftet wurde und gewaltige Bagger mit großem Getöse Braunkohle abbauten, wird heute Urlaub gemacht. Über 150 Jahre lang wurde die Erde durchwühlt, Menschen und Dörfer mussten weichen und es blieb weithin eine Kraterlandschaft zurück. Im Laufe der Zeit wurden die riesigen Löcher geflutet, sodass sich die Lausitz vom Braunkohlerevier zur größten von Menschenhand geschaffenen Wasserlandschaft Europas mausern konnte. 23 zum Teil mit Kanälen verbundene künstliche Seen haben die Region zu einem jungen, attraktiven Urlaubs- und Erholungsgebiet gemacht, das kaum Wünsche offen lässt. Wer sich inmitten atemberaubender Natur erholen und einmal wirklich außergewöhnlich urlauben möchte, ohne dabei auf modernste Annehmlichkeiten und zeitgemäße Ausstattung zu verzichten, der sollte sich den Ferienhafen im „Lausitzer Seenland Resort" nicht entgehen lassen. Die schwimmenden Unterkünfte entsprechen modernstem Design. Auf zwei Etagen, umlaufender Terrasse und Dachterrasse bieten fast 100 Quadratmeter ausreichend Platz für bis zu sechs Personen. Es stehen Motorboote, Fahrräder und alles für das Stand-Up-Paddling zur Verfügung, sodass die schönsten Tage im Jahr tatsächlich zum aktiven Traumurlaub werden können. Und wem normaler Brötchenservice zu banal ist, der bucht den Einkaufservice, Chauffeurservice, Mietkoch, Fitness-Coach ... Man gönnt sich ja sonst nichts!

ⓘ Lausitzer Seenland Resort, Wohnhafen Scado 2/3, 02979 Elsterheide OT Geierswalde; Tel.: 03591/496871; lausitzer-seenland-resort.de

🕓 Buchbar per E-Mail oder Telefon.

€ Schwimmendes Ferienhaus: ab 195 € p. P.

91 Mehr als nur Show – Amphitheater Senftenberg

Alles, was eine Bühne braucht, findet am Senftenberger See eine spektakuläre Wirkungsstätte. Egal, ob klassisches Sprech- oder modernes Musiktheater, Kabarettshow oder Open-Air-Konzert, das Amphitheater im kleinen Großkoschen zaubert eine Atmosphäre, die jede Veranstaltung zu einem außergewöhnlich Erlebnis macht.

In wunderschöner Lage direkt am Senftenberger See entstand zu Beginn des neuen Jahrtausends eine Spiel- und Veranstaltungsstätte die weithin ihres Gleichen sucht und schon zur Eröffnung im Mai 2001 von sich reden machte. Das Amphitheater wurde im Stil des antiken griechischen Theaters mit halbrunder Bühne und ansteigenden Sitzbänken errichtet, auf denen bis zu 600 Gäste freie Platzwahl haben. Durch die schräge Anordnung der Zuschauerreihen wird allen Besuchern beste Sicht auf das Geschehen geboten. Zudem wurde modernste Licht-, Ton- und Bühnentechnik installiert, die so ziemlich jeder Vorstellung gerecht wird. Zum zehnten Geburtstag wurde dem Theater eine zeltförmige Überdachung spendiert, unter der Bühne und Zuschauer vor Regen und heißem Sonnenschein gefeit sind. Ein nicht unerheblicher Nebeneffekt dieser Dachkonstruktion ist eine noch bessere Akustik. Von Ende Mai bis Anfang September präsentiert die NEUE BÜHNE Senftenberg vor der eindrucksvollen Kulisse des Sees ein abwechslungsreiches Programm, bei dem kleine und große Show-Freunde garantiert auf ihre Kosten kommen. Das Angebot reicht vom SommerTHEATER über das SommerKABARETT bis hin zum KINDERsommer. Neben den Eigenproduktionen locken als Gastspiele ergreifende Musicals, fesselnde Filmvorführungen und mitreißende Konzerte. Hochkarätige Stars aus den unterschiedlichsten Bereichen finden sich ebenso ein wie engagierte Laienkünstler aus der Region. Wer auch immer die Bühne des Amphitheaters bespielt, die Kulisse ist immer grandios. Tipp: Sitzkissen nicht vergessen und früher kommen (Kasse öffnet 1 Std. vor Beginn), damit man die grandiose Aussicht auch wirklich genießen kann.

NEUE BÜHNE Senftenberg, Theaterkasse im Besucherzentrum, Rathenaustraße 9, 01968 Senftenberg; Tel.: 03573/801286; theater-senftenberg.de; Adresse Amphitheater: Parkplatz Seestrand, Am Mühlgraben 1, 01968 Senftenberg OT Großkoschen.

Spielplan und Ticketpreise finden Sie auf der Website. Es gibt einen Eingang ohne Treppen für Rollstuhlfahrer.

92 Fünf auf einen Streich – Schloss und Festung Senftenberg

Die Festung Senftenberg vollständig zu erobern war und ist kein leichtes Unterfangen. Man sollte sich daher für die Besichtigung ein wenig Zeit nehmen, da einen hinter den mächtigen Wällen mehr erwartet als gedacht. Hier gibt es nämlich gleich fünf ganz unterschiedliche Sehenswürdigkeiten zu erkunden.

Zunächst einmal beeindruckt die wehrhafte Festung, die einst auf den Fundamenten einer mittelalterlichen Burg errichtet wurde. Sie ist die einzige Anlage in Deutschland, deren mächtige Erdwälle bis heute vollständig erhalten geblieben sind. Bei einem Rundgang lassen sich Geheimgänge und Bastionen, der Pulverturm und das raffiniert gestaltete Festungsportal entdecken, an dem kein Feind so leicht vorbeikam. Im Schloss wird erklärt, warum gerade hier aus einer kleinen Burg ein imposantes Renaissanceschloss und „Sachsens Festung in Brandenburg" entstand. In der ständigen Ausstellung erleben die Besucher auf einer einfallsreichen Zeitreise die Geschichte von Senftenberg und der Lausitz. Die älteste Feuerwehr der Stadt ist ebenso vertreten wie wertvoller Kirchenschmuck und die größte Weinpresse der Region. Unbedingt sehenswert ist auch die sorbische Bauernstube. Und wer möchte, kann auf den hölzernen Schulbänken im historischen Klassenzimmer Platz nehmen. Kinder dürfen sogar eine Schulstunde wie vor 100 Jahren mitmachen. Im Keller geht es dann „untertage". In einem liebevoll gestalteten Schaubergwerk geht es darum, wie die Lausitz zum Bergbaurevier wurde. Alte Filme berichten von der harten Arbeit der Kumpel.

Nach Festung und Schloss, Klassenzimmer und Bergwerk gilt es nun noch einen Geheimtipp vieler Kunstfreunde zu enthüllen. In der Kunstsammlung Lausitz sind exquisite Werke der Malerei, Grafik und Plastik zu sehen, die alle einen Bezug zur Lausitz haben. Viele Besucher sind sich einig: Es gibt viel zu entdecken, doch weil es übersichtlich, verständlich und abwechslungsreich präsentiert wird, ist das Schloss auch für Familien mit Kindern ein toller Ort, den es zu erobern lohnt.

Schloss und Festung Senftenberg/Kunstsammlung Lausitz, Schlossstraße, 01968 Senftenberg; Tel.: 03573/8702400 oder 03573/2628; museum-osl.de

Nov.–März Di–Fr 13–17 Uhr, Sa, So 10.30–17.30 Uhr, Dez.–Jan. tägl. (außer 24.12., 31.12.) 10.30–17.30 Uhr, April–Okt. Di–So 10.30–17.30 Uhr.

€ 5 €, erm. 3,50 €, Kinder (bis 16 Jahre) 1 €, Familienkarte (2 Erw. mit bis zu 3 Kindern bis 16 Jahre) 10 €.

93 Eine gelb-scharfe Schnapsidee – Eierlikörmanufaktur „scharfesGelb“

Tut uns leid: Leser unter 18 Jahren müssen an dieser Stelle bitte weiterblättern oder sich das Folgende in Anwesenheit eines Erziehungsberechtigten zu Gemüte führen. Alle anderen sollten sich den leckeren Likör aus einer kleinen Manufaktur in Senftenberg nicht entgehen lassen.

Als zwei Jungs in Senftenberg begannen, ihre „Schnapsidee“ in die Tat umzusetzen, konnten sie nicht ahnen, dass ihre Likör-Kreationen schon bald die Republik erobern sollten. In einer ehemaligen Bäckerei gingen sie 2010 ans Werk, um aus einem Hobby heraus eine Erfolgsgeschichte zu produzieren: Liköre auf Eierlikörbasis. Man nehme Omas alte Geheimrezeptur, wage ein paar ungewöhnliche Geschmacksexperimente und fülle das Ganze in Flaschen ab – und schon hat Senftenberg eine neue Attraktion, die sich idealerweise bei einer Trinktemperatur zwischen 10 °C und 12 °C genießen lässt. „scharfesGelb“ nannten die Lausitzer-Likör-Könige ihre Manufaktur, auch wenn das cremige Schnäpschen mit seinen 15 Vol.-% Alkoholgehalt nicht unbedingt die schärfste Klinge im Barschrank ist. Dennoch sind die „scharfen“ Liköre längst nicht nur Frauensache, auch wenn die Damenwelt den größeren Teil der lukullischen Kundschaft ausmacht. Der Favorit der Ladys ist die Variante Crème brûlée, aber auch die diversen anderen Geschmacksrichtungen von Classic über Erdbeere und Schoko-Kokos bis hin zu Waldmeister-Rum, Lebkuchen und Amaretto eignen sich hervorragend als Souvenir oder Mitbringsel zu allen Gelegenheiten.

Um die große Nachfrage nach dem Lausitzer Cremelikör bedienen zu können, entstand eine neue Produktionsstätte mit Schaumanufaktur. Hier bietet sich die Gelegenheit hinter die Kulissen zu schauen, auf Wunsch mit Verköstigung, Kaffee und Likörtörtchen sowie Abfüllung einer eigenen Flasche per Hand. Ein Besuch der modernen Räumlichkeiten bestätigt dann auch, dass es in Senftenberg wahrlich gelungen ist, das angestaubte Image von Omas Eierlikör ordentlich aufzupolieren.

Tänzer & Trasper GmbH, Spremberger Straße 23, 01968 Senftenberg;
Tel.: 03573/2488; scharfesgelb.de

Mo–Fr 9–17 Uhr; vier „scharfe" Besuchspakete (10–25 Personen): per E-Mail oder Telefon buchbar.

€ Auf Anfrage.

94 Winter, Sport und Spaß – Skihalle SnowTropolis in Hörlitz

Brandenburgs Wintersportgebiet Nummer eins liegt auf etwa 100 Metern Höhe mitten im Lausitzer Seenland. Hier liegt immer Schnee, egal, was das Thermometer sagt. Die klimatische Abnormität beschränkt sich allerdings auf die 6.000 Quadratmeter einer Skihalle und nennt sich SnowTropolis.

Im wetterunabhängigen Schneesport- und Freizeitresort nahe Senftenberg heißt es das ganze Jahr über „Ski und Rodel gut!". Die erste Skihalle zwischen Ostsee und Erzgebirge bietet eine 130 Meter lange und 40 Meter breite Piste. Aufgrund der unterschiedlichen Gefälle mit bis zu 25 Grad sind abwechslungsreiche Schwierigkeitsstufen vorhanden, damit sowohl geübte Fahrer als auch Anfänger und Kinder auf ihre Kosten kommen. Und weil aller Anfang schwer ist – egal, ob auf einem oder auf zwei Brettern – können Neulinge in der Ski- und Snowboardschool die Technik erlernen. Die notwendige Ausrüstung kann praktischerweise vor Ort ausgeliehen werden. Für erfahrene Snowboarder und Freeskier gibt es den Funpark. Hier werden Obstacles wie Jumps und Kicker, Slider und Rails immer wieder neu angeordnet und umgestaltet, damit auch beim nächsten Mal keine Langeweile aufkommt. Natürlich darf auch der Après-Ski-Spaß nicht fehlen. In der Bar des SnowTropolis wird alles offeriert, was zu einem zünftigen Abend gehört, samt bester Aussicht auf die Piste. Oder wie wäre es, auf einer der zwölf Bowlingbahnen noch eine ruhige Kugel zu schieben? Im Winter lädt zudem die riesige Eishalle zum Schlittschuhlaufen oder Curling ein. Die Eisfläche verschwindet im Frühling und wird wieder in Sportplätze verwandelt, auf denen bei jedem Wetter Badminton, Volleyball oder Tennis gespielt werden kann. Wem das jedoch für einen Tag zu viel ist oder wer einfach noch nicht genug hat: direkt an Brandenburgs Ski-Zirkus stehen 22 stilvolle Ferienhäuser zur Verfügung. Und ja, den Kunstschnee kann man auch kaufen!

snow+active GmbH, Tropolis 1, 01968 Hörlitz; Tel.: 03573/3637065; snowtropolis.de

Skihalle und Bar: Mi–So 10–21 Uhr.

Liftpass (1 Std.): Mi–Fr: 14 €, Kinder u. Jugendliche (bis 17 Jahre) 10 €, Sa, So: 17 €, Kinder u. Jugendliche (bis 17 Jahre) 13 €; Tagesticket: Mi–Fr: 29 €, Kinder u. Jugendliche (bis 17 Jahre) 22 €, Sa, So: 32€, Kinder u. Jugendliche (bis 17 Jahre) 25 €.

95 Dem Asphalt ganz nah – Im Renntaxi über den Lausitzring

Der Rennoverall passt, Handschuhe und Helm auch. 530 PS erwachen und sorgen für einen unglaublichen Sound. Gänsehaut. Herzklopfen. Schon jagt der knallrote Zweisitzer über die Rennbahn. Der Vortrieb ist brachial, die Fliehkräfte zerren am Körper, Top-Speed. Auf dem Lausitzring kocht das Adrenalin.

Für Motorsportfans ist der Besuch des EuroSpeedway Lausitz ein absolutes Muss, zählt er doch zu den größten und modernsten Einrichtungen für den Motor- und Autorennsport. Das Herzstück der Anlage ist der in Europa einzigartige Zwei-Meilen-Superspeedway, ein Hochgeschwindigkeitsoval mit überhöhten Kurven – der Inbegriff von Geschwindigkeit. Neben Motorsportveranstaltungen, Markentreffen und Tuning-Events, wie dem Lausitz-Marathon, Oktoberfest, Konzerten u.v.m., kann man hier auch an verschiedenen Fahrsicherheitstrainings teilnehmen. Auch mit straßenzugelassenen Fahrzeugen darf man an ausgesuchten Terminen auf den Ring. Ist das eigene Auto jedoch nicht ganz so sportlich ausgelegt, muss man sich halt ein Taxi nehmen. Wie wäre es mit einem Porsche 911 GT3, einem Nascar Rennwagen oder einem Audi R8 V10. Absolutes Highlight ist natürlich der Ferrari F430. Wenn der Taxifahrer, hier heißt er Instruktor, diesem roten Pferdchen die Sporen gibt, dann spürt man jede einzelne der 530 PS. Sich von einem professionellen Rennfahrer über den EuroSpeedway chauffieren zu lassen und mit echten Rennboliden die Grenzen der Physik zu erkunden ist für jeden Geschwindigkeitsfan ein unvergessliches Erlebnis. Und wer das Gefühl hat, dem Asphalt noch nicht nahe genug gekommen zu sein, der darf sich gerne ein zweirädriges Renntaxi bestellen. Die Rennstrecke als Co-Pilot auf einer SuperBike S1000 RR zu erleben löst selbst bei erfahrenen Bikern einen Kick der Extraklasse aus. Aufsteigen, festhalten und schon reißen die 210 PS das Gefährt in nur 2,8 Sekunden auf 100 km/h. Gekonnt nehmen die Profis die Kurven in absoluten Schräglagen. Man erfährt den Lausitzring hautnah, näher geht nicht.

ⓘ DEKRA Lausitzring, Lausitzallee 1, 01998 Klettwitz; Tel.: 35754/33733; dekra-lausitzring.de

Termine und Preise zum Renntaxi: Tel.: 0221/355338410; motorsport-event-company.com

96 Die stählerne Königin der Lausitz – Besucherbergwerk F60

Sie ist die Königin der Stahlgiganten, ihr Thronsaal ein ehemaliger Kohletagebau. Diejenigen, denen sie am Tage eine Audienz gewährt, zeigen sich angesichts ihrer Riesenhaftigkeit demütig, während sie am Abend ihr prächtig schimmerndes Kleid bestaunen. Der Name ihrer Majestät ist schlicht: F60.

STEFFI

Ein weiteres Relikt der Braunkohlenindustrie Brandenburgs befindet sich in Lauchhammer, rund 20 Kilometer von Lichterfeld entfernt: Die **Biotürme** sind Denkmal, Kulturort und Eventlocation in einem. Als Überbleibsel einer einst riesigen Kokerei-Anlage verwirren sie so manchen Vorbeikommenden, und auch Sie werden staunen, denn so etwas haben Sie bestimmt noch nie gesehen! Kontakt: Biotürme Lauchhammer, Freifrau-von-Löwendal-Str. 3, 01979 Lauchhammer; reiseland-brandenburg.de

Die gigantische Dame ist eine ehemalige Abraumförderbrücke auf dem Areal des Besucherbergwerks in Lichterfeld und nichts weniger als eine der größten beweglichen Arbeitsmaschinen der Welt. Von 1991 bis 1992 überspannte die gewaltige Stahlkonstruktion den Tagebau, um den anfallenden Abraum auf die Halde zu befördern. Ihre zwei Bagger konnten rund 50.000 Tonnen Geröll pro Stunde abtragen. Und weil deren Abtragsmächtigkeit insgesamt 60 Meter betrug, kam die Gigantin zu ihrem Namen „F60". Trotz Umrüstung bringt sie heute noch 11.000 Tonnen Stahl auf die Waage, die sich auf 502 Meter Gesamtlänge, 204 Meter Breite und fast 80 Meter Höhe verteilen. Sie ist damit etwa 3.700 Tonnen schwerer als das Gerüst des Pariser Eiffelturms, den sie, könnte man F60 aufrichten, um 178 Meter überragen würde. Heute darf man diesem Zeugen der vergangenen Braunkohle-Ära auf einem 1,4 Kilometer langen Rundgang ganz nahe kommen. Eindeutiger Höhepunkt ist dabei die Rundum-Aussichtskabine auf der Spitze der Brücke. 74 Meter über dem Boden eröffnet sich ein fantastischer Blick. Und abends wird die stählerne Königin mit Licht- und Klanginstallationen in Szene gesetzt. Wahrlich majestätisch.

Besucherbergwerk F60, Bergheider Straße 4, 03238 Lichterfeld; Tel.: 03531/60800; f60.de

16. März–31. Okt. tägl. 10–18 Uhr, 1. Nov.–15. März Mi–So 11–16 Uhr; Nachtlichtführungen: Mai–Sept. Sa bis 20 Uhr.

€ ohne Führung: 2,50 €, Kinder bis 5 Jahre frei; Kurzführungen: 8 €; Große Führung, Nachtführung: 12,50 €, erm. 11 €, Kinder (5–15 Jahre) 7 €.

97 Abenteuer Zeitreise – „Lausitzer Wege“ am Koynesee

Stehen da echte Planwagen und bilden eine Wagenburg? Tatsächlich, und im Birkenwäldchen sind gleich mehrere Tipi-Zelte aufgebaut. Hinter geflochtenen Wänden glüht ein Schmiedefeuer und es duftet nach frischem Brot. Begeben Sie sich mit dem Verein Lausitzer Wege auf eine Zeitreise.

Die einen nennen es schlicht Schullandheim oder bezeichnen es als Selbsthilfe-Genossenschaft, andere sagen Mitmach-Museum oder Ferien-Camp. Das, was der Verein „Lausitzer Wege“ an einem See bei Koyne aufgebaut hat, ist alles zusammen. Um sich im strukturschwachen ehemaligen Tagebaugebiet eine Perspektive zu ermöglichen, hat der Verein rund um den Langen See ein ganz besonderes Urlaubsdorf errichtet. Hier kann man in die faszinierende Welt unserer Vorfahren eintauchen. Schon viele Kinder und Jugendliche, aber auch Erwachsene haben sich auf das Abenteuer Zeitreise eingelassen, um mit einfachen Mitteln größtenteils in freier Natur zu leben. Die „Zeitreisenden“ verwandeln sich in die Jäger und Sammler der Bronzezeit, leben in den strohgedeckten Lehmhütten der Germanen und Slawen oder fühlen sich wie mittelalterliche Siedler, die in Planwagen reisen und darin übernachten. So geht es quer durch die Jahrtausende der Menschheitsentwicklung. Neben der Geschichte der verschiedenen Epochen und ihrer Bedeutung für die Region kann man historisches Handwerk erlernen, in der Küche mithelfen, frisches Brot im Lehmofen backen, Kräuter sammeln oder auf Beerenjagd gehen. Dabei erfährt man von den „Profi-Zeitreisenden“ viel über die Nutzung und Verarbeitung von Naturmaterialien und macht sich dabei auch ein paar Gedanken über die natürlichen Kreisläufe, wie sie früher selbstverständlich waren. Ein echtes Highlight ist das Husky-Camp, bei dem jeder Teilnehmer für seinen Patenhund verantwortlich ist. Spielen, Kuscheln und gemeinsame Expeditionen stehen auf dem Programm – und natürlich eine Fahrt mit dem ganzen Huskygespann.

Lausitzer Wege e.V. / Schullandheim, Straße am Koynesee 100,
01979 Lauchhammer OT Kleinleipisch; Tel.: 03574/465807; Lausitzer-Wege.de

Die zahlreichen Angebote und Preise finden Sie auf der Website.

98 Alte Dame unter Dampf – Brikettfabrik „Louise“

Die Seele dieser alten Dame ist schwarz, tiefschwarz, kohlrabenschwarz. Und obwohl sie längst im Ruhestand ist, steckt sie noch immer voller Leben und trägt ihren hübschen Mädchennamen mit Würde. Im gesamten Elbe-Elster-Land ist man stolz auf „Louise“, die älteste Brikettfabrik Europas.

Wenn „Louise“ mit ihrer Arbeit beginnt, geht ein Rumpeln und Zischen durch die großen Werkshallen. Sobald sich die gewaltigen Schwungräder und Kolben langsam in Bewegung setzen, wird man in eine längst vergangene Ära versetzt. 1882 wurden die Dampfkessel der Dampfmaschinen erstmals befeuert, mit deren Kraft die großen Pressen aus feinem Braunkohlestaub glänzende Briketts formten. Seitdem produzierte „Louise“ nahezu ohne Unterbrechung – bis zum November 1991. 109 Jahre lang sorgte dieses Meisterwerk deutscher Ingenieurskunst mit einer Tagesleistung von rund 600 Tonnen dafür, dass in den Stuben der Berliner ordentlich eingeheizt werden konnte. Glücklicherweise, der Abriss war eigentlich bereits beschlossen, wurde „Louise“ 1992 zum Denkmal erklärt, dessen Tore sich schon bald für Besucher öffneten.

Die Räume und Maschinen der Fabrik sind im Original erhalten. Es riecht nach Schmieröl und bei einem der geführten Rundgänge hat man den Eindruck, als hätten die Maschinisten, Heizer und Kesselwärter nur kurz ihre Plätze verlassen. Es sieht so aus, als könnte die alte Dame jeden Moment wieder an die Arbeit gehen. Und tatsächlich können bei den Führungen bis zu 14 Anlagen in Bewegung gesetzt werden. Das Highlight für jeden technisch Interessierten ist natürlich die Vorführung der historischen Brikettpresse im Echtdampfbetrieb. Diese „Dampftage“ sind ein wirklich besonderes und deutschlandweit einmaliges Erlebnis, das nur zu besonderen Terminen stattfindet. Aber auch sonst stehen diverse Touren für Jung und Alt auf dem Programm. Oder wie wäre es mit einem Kaffeekränzchen direkt im Zechensaal? Zur „Bergmannsvesper“ werden Louise-Kuchen in Brikettform und ein Gläschen „Schmieröl“ gereicht.

Technisches Denkmal Brikettfabrik Louise, Louise 111, 04924 Domsdorf; Tel.: 035341/94005; brikettfabrik-louise.de

Apr.–Okt. Mi–Mo 10–16 Uhr, Nov. und März Mo–Fr 10–15 Uhr, Dez.–Febr. nach Absprache. Dampftage: jeder erste Sonntag im Juli und an ausgewählten Terminen.

(inkl. Führung) 8,50 €, in der Gruppe (ab 15 Pers.) 5 €, Jugendliche (bis 16 Jahre) 3 €, erm. 5 €, Dampftage zusammen mit dem Familien.Forscher.Tag: 7 €, Schüler und Studenten 4,50 €.

Fabrikgelände nur bedingt barrierefrei, das Sozialgebäude mit Zechensaal und Dauerausstellung ist barrierefrei, auch die Toilette.

99 Wasserspaß in Bad Liebenwerda – WONNEMAR Erlebnisbad

Es sind wieder die Dreikäsehochs, die einem zeigen, wie es funktioniert. Nicht lange zaudern, ordentlich Schwung holen, dann geht es beherzt hinein in das unergründliche schwarze Loch, in dem es rauscht und sprudelt, samt zuckenden Blitzen und Meteoritenschauern … Für die Kleinen eine Gaudi, für die Großen eine Mutprobe.

Ganz klar, die Rutschen im Erlebnisbad in Bad Liebenwerda sind für Wasserratten der Hit. Da gibt es die Kinderrutsche, auf der die Kleinsten ihren Spaß haben, dann die breite Familienrutsche für das gemeinsame Rutschvergnügen und die 116 Meter lange „Magic Eye"-Rutsche, die man auf flotten Gummireifen durchrauscht. Noch ein wenig länger ist das „Black Hole". Wer rasant durch diese dunkle Röhre rutscht, wird von allerlei Lichteffekten, Regenbögen und Gewitterblitzen begleitet, die einem das Gefühl von Schwerelosigkeit geben. Wer einen kleinen Adrenalinkick für Zwischendurch sucht, der ist bei der „Free Fall"-Rutsche richtig. Doch wer traut sich in die gelbe High-Speed-Röhre, die am Ende immer dunkler wird? Auf der 56 Meter langen Strecke wurden immerhin schon Geschwindigkeiten von bis zu 55 km/h gemessen. Nach all der wilden Rutsch-Action geht es im karibischen Wellenbecken und dem Lazy-River-Wildwasserkanal geradezu beschaulich zu. Zudem ergänzen das Außenbecken mit Strömungskanal, Sportbecken und Whirlpool das abwechslungsreiche Angebot. Im Mineralforum sorgen Römisches Dampfbad, Kneipp- und Thalassobecken für heilsame Erholung, während der im orientalischen Stil gestalteten Wellnessbereich ganz auf Entspannung setzt. Spätestens in der Finnischen, Kelo- und Vital-Sauna oder im Aromadampfbad lässt man den Alltag ganz schnell ganz weit hinter sich. Und jetzt? Ein wenig Ausruhen oder sich vom vielfältigen Massage-Wellness-Programm im Spa verwöhnen lassen? Vielleicht im Sole-Inhalationsstollen einmal richtig tief durchatmen?

WONNEMAR Erlebnisbad Bad Liebenwerda, Am Kurzentrum 1, 04924 Bad Liebenwerda; Tel.: 035341/49020; wonnemar.de/badliebenwerda

Spaßbad, Mineralforum, Saunawelt: tägl. 10–22 Uhr, 26. Dez. und 1. Jan. 12–22 Uhr, 31. Dez. 10–16 Uhr, 24., 25. Dez. geschlossen.

€ Spaß- und Sportbad (1,5 Std./4 Std./Tageskarte): Erwachsene: 10,50 €/11,50 €/ 13,50 €, Kinder, erm. 9,50 €/10,50 € /12,50 €, Familienkarte: -/32,50 €/39,50 €; Wonnemar komplett (4 Std./Tageskarte): Erwachsene: 20,90 €/25,90 €, Kinder, erm. 19,90 €/23,90 €, Familienkarte: 49,90 €/59,90 €; Mineralforum, Saunawelt: siehe Website.

100 Mini ist Trumpf – Erlebnispark „Kleine Lausitz"

Die Lokomotive muss sich ganz schön anstrengen, wenn sie die voll besetzten Waggons in Bewegung setzt. Da rappelt und rüttelt es ganz ordentlich – und ist ein Riesenspaß für Groß und Klein. Und das Tollste: man kann während der Fahrt zahlreiche Sehenswürdigkeiten Südbrandenburgs bewundern.

So groß der Spaß ist, so klein ist die Bahn. Die Parkeisenbahn im Erlebnis- und Miniaturenpark „Kleine Lausitz" zockelt auf ihrem fast 800 Meter langen Rundkurs über das 30.000 Quadratmeter große Gelände und kommt an vielen Miniaturmodellen von historischen Baudenkmälern der Region vorbei. Insgesamt sind über 120 originalgetreu im Maßstab 1:25 nachgebaute Schlösser, Burgen, Mühlen und Industriebauten zu entdecken. Größer, schneller, weiter gibt es woanders – hier ist Mini Trumpf!

Zudem gibt es eine Vogel- und Fasanenvoliere, eine Anlage mit echtem Hochmoor, einen Bonsai-Park sowie ein Wandellabyrinth mit vielen interessanten Kletterpflanzen und Ranken. Im Sommer lädt ein Naschobstgarten zum Probieren ein. Eine weitere Attraktion der gepflegten Anlage ist das Rosarium, wo Hobbygärtner in der Pracht von über 500 verschiedenen Rosensorten schwelgen können. Nicht zu übersehen ist die zwölf Meter hohe historische Bockwindmühle aus dem Jahr 1804. Im Innenraum befindet sich eine Schauanlage, die bei Führungen spannende Einblicke in die Arbeitswelt der Müller erlaubt. Für Freunde von Modellautos und -schiffen bieten die Mini-Elbe und der Lausitzring im Kleinformat ideale Bedingungen. Zur 170 Meter langen Rennstrecke gehören sogar eine überdachte Boxengasse und ein erhöhter Fahrerstand, von dem aus die Piloten ihre Boliden im Blick behalten. Beste Voraussetzungen für Training und Wettkämpfe! Übrigens: Wer mit einem fahrbereiten Modellfahrzeug erscheint, zahlt nur 2 € Eintritt. Nun gilt es sich mit Bratwurst und Pommes zu wappnen, damit die kleinen Besucher die Abenteuer-Ritterburg mit ihren zwei Türmen erobern können.